おうちでヴィーガン

14日間で旅する世界一周の味

Natsuki

Tokyo Veg Life

幻冬舎

はじめに

みなさんは、ヴィーガンと聞いて、どんなイメージが湧きますか？

なんだか難しそう、時間やお金がかかりそうと思う方が多いと思います。

私自身、動物性食材がまったく含まれないヴィーガン料理というものがあるということは知っていましたが、それを日々の食事として実践することは、自分には無理だと思っていました。

世の中にはたくさんおいしいものがあるのに、野菜しか食べられないなんてかわいそう、とさえ思っていました。

それが、ヨガをきっかけに菜食を始めてみると、食べるものだけではなく、消費するものも含めてヴィーガンという生き方になっていきました。ヴィーガンであり続ける理由が変化していき、多くの気づきや学びがありました。

その中で、特に本書でみなさまにお伝えしたいのは、野菜、穀物、ナッツ・シーズ、海藻、きのこなど、星の数ほど種類がある植物性食材の多様性と味わい深さです。

旅行で行ったことのない土地を訪れると、新しい発見に満ちた経験に胸が躍るもの。そんな感覚を、新しい食材を使った多国籍な料理に挑戦しながら、ヴィーガン食という未知の世界を冒険しながら、感じていただければうれしいです。

本書には初めて見る料理や使ったことのない食材もあるかもしれません。そのことで、もしハードルが高いと感じられたら、本書のために特別製作したレシピ動画をはじめにご覧ください。

私は普段、YouTubeで料理の動画を配信していますが、馴染みのない料理でも「作りたい！ 食べてみたい！」と思っていただけるよう、味や香りまで視聴者のみなさまにお届けする気持ちで動画を製作しています。同じように、本書の動画も単純なレシピ動画ではなく、五感のすべてを刺激するような内容を目指しました。できあがっていく様子を見ていただくことで、不安が解消され、味の想像もしやすくなると思います。本の世界とデジタルの世界の融合をお楽しみください。

そして、作りながら迷うことがあれば、五感を研ぎ澄ませ、自分の感覚を信じてみてください。「正解」は一つだけではありません。その日、その時の体と心の調子、食材の状態によって変わる料理の味も、新しい発見として楽しんでいきましょう。

CONTENTS

はじめに……2

おうちごはんが、もっと楽しくなる！
ヴィーガン食5つのいいこと……8

HOW TO USE THIS BOOK……10

まず、はじめに揃えておきたい！
7つのおすすめ食材……12

DAY_1 Mexico……14

チリコンカルネ風……16
アボカド入りピコデガヨ……16
高野豆腐のベジファヒータ……17
緑のトルティーヤ……17

DAY_2 United States……18

コールスロー……20
チーズ風味のスパイシーベイクドポテト……20
クラシックビーンバーガー……21
プールドポーク風バーガー……21

DAY_3 Spain……22

エスカベーチェサラダ……24
スパニッシュオムレツ風……24
森のパエリア……25

DAY_4 France……26

ビストロサラダ……28

ラタトゥイユ……28

グラタン……29

DAY_5 Italy……30

ローストベジサラダ……32

カプレーゼ風……33

グリーンミネストローネ……34

ボロネーゼパスタ……35

DAY_6 Russia……36

オリビエサラダ……38

ボルシチ……38

キエフ流高野豆腐カツレツ風……39

マッシュルームストロガノフ……39

DAY_7 Middle East……40

モロッコ風サラダ……42

モロヘイヤのエジプトスープ……42

フムス……43

もちきび入り野菜のタジン煮 ……43

COLUMN

ヴィーガンという生き方／手作り調味料にこだわる……44

Q＆A……45

DAY_8 India……46
にんじんときゅうりのライタ……48
ポテトとカリフラワーのビリヤニ……49
ミックスベジタブルカレー……50
ひよこ豆のココナッツミルクカレー……51

DAY_9 Indonesia……52
ガドガド……54
厚揚げのサテイ……54
ポテトとテンペのココナッツミルクカレー……55
ナシゴレン……55

DAY_10 Thailand……56
タイの青菜炒め……58
ヤムウンセン……58
精進トムヤムクン……59
パッタイ……59

DAY_11 Vietnam……60
生春巻き……62
グレープフルーツサラダ……63
シンプルフォー……63

DAY_12 China……64

中華風サラダ……66

ザワークラウト入り春雨スープ……66

根菜のバルサミコ酢あん……67

麻婆大根……67

DAY_13 Korea……68

韓国風サラダ……70

豆腐のクリーミー豆乳チゲ……71

グルテンフリーのにらチヂミ……72

ビビンバ……73

DAY_14 Japan……74

お吸い物……76

豆乳冷製茶碗蒸し風……77

季節野菜のせいろ蒸し（3種のたれで）……78

ばらちらし……79

COLUMN

シンプルに生きるということ／これから菜食を始める人へ……80

Q＆A……81

作りおき 常備調味料……82

応用編 食材活用術……88

おわりに……94

おうちごはんが、もっと楽しくなる！

ヴィーガン食5つのいいこと

ヴィーガンの食事は動物性食材を摂らないということ。
制限があると、難しく思われがちですが、実はいたってシンプルで
そこには新しい「食」の形がありました。

いいこと 1 ▸▸▸ 体にやさしい

野菜、果物、穀物、豆類、ナッツ、種、海藻をなるべく加工せず、そのままの形でいただくことで、豊富なビタミンやミネラルを摂ることができ、健康増進、老化防止、免疫力向上につながります。また、不足しがちな食物繊維を摂ることができるので、腸内環境の改善も期待できます。

いいこと 2 ▸▸▸ 地球にやさしい

畜産動物、特に牛は人間の何倍もの食料を必要とするため、大量の飼料が生産され、輸出入されています。そして、放牧地開拓のために、世界三大熱帯雨林の一つであるアマゾンの森林が急激に焼き払われており、気候変動の大きな要因ともなっています。菜食主義は地球を救う選択でもあるのです。

いいこと
3 ▸▸▸

おいしさを再発見

口にできる食品の種類が大幅に減ると思われがちな菜食ですが、実は植物性食材は動物性食材よりもずっと種類が豊富です。菜食にすることで、今まで食べたことがなかった新しい食材に出合ったり、「旬」の野菜のおいしさに気づいたりすることができると思います。

いいこと
4 ▸▸▸

実は時短、楽ちん！

調理するのに時間と手間がかかると思われがちな菜食ですが、野菜は肉や魚よりも火の通りが早く、生で食べられないものはごくわずかです。そのため、実は調理時間は短く済みます。また、肉や魚と違い、切るたびに包丁やまな板を洗剤で洗う手間もなく、スムーズに調理できるのも魅力です。

いいこと
5 ▸▸▸

みんなで楽しめる

動物愛護、環境保護、宗教上の観点などから動物性食材を摂らない人、健康上の理由やアレルギーで菜食を実践している人、そして菜食ではない人と、食事情は多様です。こうしたさまざまな背景の垣根を越え、みんなが一緒に食卓で一つになれる。それが菜食の一番いいことだと思います。

HOW TO USE THIS BOOK

ヴィーガンの方だけでなく、ヴィーガンについての知識がゼロという方にも作っていただけるように、一品ずつではなく、主菜と副菜をセットにした献立形式でご紹介しています。それにより、食べ合わせもよく、「これはヴィーガン食なのに、あれはヴィーガン食じゃなかった」という心配もありません。もちろん、気になるものを少しずつでもいいですし、楽しみながらお気に入りのレシピを見つけてください。

また、日本ではまだ専門店も少なく、馴染みのないヴィーガン料理ですが、欧米を中心に海外では一般的で、バリエーションも豊富です。そこで、14の国と地域の代表的な料理をヴィーガン流にアレンジしました。ステイホームしながら、世界一周の旅に出かけましょう！

各国をイメージした料理を紹介しています。

- 調味料のうち、塩麹は塩、醤油麹は醤油、濃縮甘酒は砂糖、
  オイスターソース風は市販のしいたけベースのヴィーガン（精進）オイスターソース
  で代用可能です。いずれも、塩麹小さじ2なら塩小さじ1弱、というように、
  半分よりやや少ない量を目安に代用してください。
- 野菜類は、特に表記のない場合は皮を剥く、
  洗うなどの作業を行ってからの手順を記載しています。
- コンロなどの火加減・加熱時間は目安です。様子を見ながら適宜調整してください。
- オーブンなどの調理家電はお手持ちの機種の取扱説明書に従ってください。
  また、機種やワット（W）数により加熱時間に違いがあります。

小さじ1は5ml、大さじ1は15ml、
1カップは200mlです。

レシピ動画のダイジェストを見ることができます。本書に掲載しきれなかったコツやポイントも紹介しています。

DAY 5

Italy

グリル野菜×バルサミコ酢の
おいしい共演

ローストベジサラダ

■ 材料（2〜3人分）
ブロッコリー…4房
なす…1個
ズッキーニ…½本
ピーマン…2個
オリーブオイル…適量
〈マリネ液〉
バルサミコ酢…大さじ2
オリーブオイル…大さじ½
粒マスタード…小さじ1
醤油…小さじ1
メープルシロップ…小さじ2
塩麹（P83参照）…小さじ1
ルッコラ…1束

■ 作り方
1. ブロッコリー、なす、ズッキーニ、ピーマンは一口大に切る。
2. グリルパンまたはフライパンに薄くオリーブオイルをひき、1の野菜を並べ蓋をして、中火で蒸し焼きにする。片面が焼けたら、ひっくり返し、中に火が通り、表面がこんがりとするまで焼く。
3. マリネ液の材料を合わせ、野菜が焼けたら、熱いうちにマリネ液に漬け、そのまま冷ます。
4. ルッコラは5cmほどの長さに切り、皿に盛りつける。
5. マリネしておいた野菜を4の上に盛る。

point
玉ねぎやきのこ類をローストするのもおすすめ。サラダとして食べるほかに、フォカッチャなどにはさんでグリルプレスし、ホットサンドにしてもおいしい。

32

モッツァレラチーズを
もちっとクリーミーに再現

カプレーゼ風

■ 材料（2〜3人分）
〈モッツァレラチーズ風〉
豆乳ヨーグルト…1カップ
生カシューナッツ
…⅓カップ（一晩浸水させておく）
酒粕…小さじ1
塩麹（P83参照）…小さじ4
白味噌…小さじ1
タピオカ粉…大さじ3
上新粉…大さじ1
オリーブオイル…大さじ2
水…½カップ
粉寒天…小さじ2
ミニトマト…6個
塩…適量
オリーブオイル…適量
バジル…適量

■ 作り方
1. モッツァレラチーズ風は、水と粉寒天以外の材料をすべてフードプロセッサーまたはブレンダーに入れて、なめらかになるまで攪拌する。
2. 鍋に水と粉寒天を入れ、中火にかけて、かき混ぜながら煮溶かす。沸騰したら、弱火にして、ふきこぼれないように1を加えて、のり状になるまでかき混ぜながら煮詰める。
3. 2の粗熱がとれ、まとまりやすくなったら、すいとんを作る要領でスプーンで成形しながら、氷水に落とし入れる。
4. ミニトマトは半分に切る。
5. モッツァレラチーズ風とミニトマトを皿に盛りつけ、塩をふりかけ、オリーブオイルを垂らして、バジルの葉をトッピングする。

point
モッツァレラチーズ風は氷水に落とすと、すぐに固まる。水の中で、手で丸くボール状に成形してもいい。

レシピ動画を見る ≫

33

まず、はじめに揃えておきたい！

7つのおすすめ食材

ヴィーガン料理に欠かせない食材で、
本書にもよく登場する7つの食材をご紹介します。
使ったことのないものが多いかもしれませんが、ぜひ揃えてみてください。

1 ［ニュートリショナルイースト］

失活させたイースト（酵母）が原料で、ビタミン・ミネラルが豊富。粉チーズを思わせる香りと味で、菜食に不足しがちなビタミンB$_{12}$が摂れるため、日常的に料理に取り入れたい食材。

→ P20、29、34で使用

2 ［生カシューナッツ］

クリーミーなコクが特徴。浸水させると簡単に砕くことができるため、ミルクやクリーム代わりになる。また、ペースト状にしてチーズ風にも。密閉容器に入れ、冷蔵庫で保存し、酸化を防止する。

→ P24、29、33、39、50、55で使用

3 ［タピオカ粉］

キャッサバ芋を原料としたでんぷん。弾力が強く、チーズ風のベースに加えると独特の粘りが出る。また、小麦粉の代わりに生地に加えると、パサつかず、もっちりした食感にすることができる。

→ P17、29、33、72で使用

4 ［もちきび、たかきび］

その名の通り、もちっとした食感のもちきびと、大粒で弾力があり、ひき肉のような食感を作り出せるたかきびは、食物繊維やマグネシウムなどの栄養が豊富。米に交ぜるのではなく、メイン食材として活用。

→ P16、21、24、35、43、58で使用

以下に掲載した食材は、すべてオーガニック食品専門店やアジア食材店、ネットで購入できるものです。本書の複数のレシピで使用していますので、いろいろ試していただければ無駄なく使いきれます。また、どれも栄養価が高いので、本書に載っている料理以外にも積極的に使っていただきたい食材ばかりです。P88の「応用編　食材活用術」では、活用術と保存方法も一部、ご紹介しています。

5

[タイハーブ3種]

東南アジアの生姜〝ガランガル〟、ライムリーフとも呼ばれる〝こぶみかんの葉〟、ハーブティーなどにも使われる〝レモングラス〟。香りを最大限に生かすために、乾燥ではなく生のものを選ぶとよい。

→ **P54、55、59で使用**

6

[干しえのき]

窓際や外で4～5日、えのきを直射日光に当てて乾燥させると、不思議と海鮮のような風味が出る。そのまま具として、あるいは刻んで調味料として加えると、料理に独特のコクと旨味を与えてくれる。

→ **P55、59、63、76で使用**

7

[バスマティライス]

インド料理に欠かせない細長い米。日本米のような粘り気はなく、炊き上がりは驚くほど軽く、ふわふわ。インド料理だけでなく、焼き飯や東南アジアなどのカレー全般によく合う。

→ **P49、55で使用**

DAY_1

Mexico

メキシコ料理の定番である豆の煮込み、グリル、
サルサソースでフィエスタな食卓に。
トルティーヤに好きなものを、好きなだけのせるのもよし、
レタスでヘルシーにするのもよし。
思い思いのラップサンドで楽しいひと時を。Viva la vida !

高野豆腐のベジファヒータ
アボカド入りピコデガヨ
チリコンカルネ風

DAY 1

Mexico

独特な食感がおいしい
たかきびとビーンズで

チリコンカルネ風

■ 材料（2〜3人分）

たかきび…½カップ
水…1 ½カップ＋¼カップ
米油…小さじ1
玉ねぎ…¼個
にんにく…1片
キドニービーンズ（水煮）…1カップ
ホールトマト…½缶
塩麹（P83参照）…小さじ4
オイスターソース風（P86参照）…大さじ1
野菜出汁粉末（P87参照）…小さじ2
乾燥オレガノ…小さじ½
チリパウダー…小さじ½
バルサミコ酢…小さじ1
クミンパウダー…小さじ½

■ 作り方

1. たかきびは1時間浸水させる。水（1 ½カップ）を沸騰させ、たかきびを加え、弱火で15分炊き、ざるにあげる。
2. 米油を熱した鍋に、みじん切りにした玉ねぎとにんにくを加え、玉ねぎがしんなりするまで弱火で炒める。
3. **2**に**1**と残りの材料を加え、中火で煮立たせ、弱火で10分ほど煮込む。皿に盛りつけ、お好みで香菜（分量外）をのせる。

point

たかきびは多めに炊いて冷凍保存しておき、使う時に冷蔵・常温解凍するといい。1ヶ月で使い切るようにする。炊く時の水の量は、たかきびの3倍を目安に。

サルサソースを
サラダ風にアレンジ

アボカド入りピコデガヨ

■ 材料（2〜3人分）

玉ねぎ…¼個
アボカド…2個
トマト…小2個
香菜…½束
青唐辛子…¼本（辛くしたい場合）
レモン汁…½個分（約大さじ3）
塩麹（P83参照）…小さじ2

■ 作り方

1. 玉ねぎはみじん切りに、アボカドとトマトは小さな一口大に切る。香菜の茎はみじん切りにして、葉はざく切りにする。青唐辛子は、種を取り除き、みじん切りにする。
2. 香菜の葉以外の材料を合わせ、10分ほどおいて味を馴染ませる。皿に盛りつけ、香菜の葉をのせ、お好みでライム（分量外）を添える。

point

レモンの代わりにライムを使うとより本格的な味わいに。香菜を増やして、ボリュームのあるサラダにしてもいい。

エスニックなスパイス香る
グリル料理

高野豆腐のベジファヒータ

■ 材料（2～3人分）
高野豆腐…2個
赤パプリカ…1/4個
黄パプリカ…1/4個
玉ねぎ…1/4個
ズッキーニ…1/2本
オリーブオイル…適量
ほぐしたしめじ…1カップ
〈マリネ液〉
レモン汁…1個分（約1/3カップ）
塩麹（P83参照）…大さじ1
オイスターソース風（P86参照）…小さじ1
クミンパウダー…小さじ1/2
コリアンダーパウダー…小さじ1
パプリカパウダー…小さじ1
乾燥オレガノ…小さじ1
にんにくすりおろし…1片分

■ 作り方
1. 高野豆腐は、2分ほど浸水させてから、5分蒸し、流水で水を絞りながら洗う。
2. マリネ液を合わせ、半分にカットした**1**を15分以上漬ける。
3. パプリカは5mm幅に切り、玉ねぎはくし切り、ズッキーニは長さ3cmの拍子木切りにする。
4. 薄くオリーブオイルをひいた耐熱皿に、余分なマリネ液を軽く絞った高野豆腐を並べ、魚焼きグリルに入れ、上下中火で9分、表面がこんがりするまで焼く。
5. 高野豆腐を漬けていたマリネ液に野菜としめじを入れ、高野豆腐を焼いている間、漬けておく。
6. 高野豆腐が焼き上がったら、耐熱皿から取り出し、同じ耐熱皿に**5**の野菜としめじを入れて、魚焼きグリルの上下中火で10分、火が通って表面がこんがりするまで焼く。

point

高野豆腐は、**1**の下準備をすることでパサパサしない仕上がりに。マリネした後に、マリネ液を絞り過ぎないことがやわらかくジューシーにするコツ。

意外な材料で
グルテンフリーに

緑のトルティーヤ

■ 材料（2～3人分）
ほうれん草…1/2束
おからパウダー…2/3カップ
タピオカ粉…1/3カップ
塩…小さじ1/4
片栗粉…適量

■ 作り方
1. ほうれん草を刻み、蒸したら、蒸し汁1/4カップと一緒にブレンダーにかけ、ピューレ状にする。
2. おからパウダー、タピオカ粉、塩をボウルに入れ、よく混ぜ合わせる。
3. **2**に**1**を加えてまとめ、緑色が均一になるようにこねる。まとまりにくいようであれば、湯（分量外）または蒸し汁を少しずつ加える。
4. **3**の生地を4等分し、ボール状に丸めて、湿らせたふきんをかぶせ10分ほどおいて、休ませる。
5. まな板の上にオーブンシートをしき、片栗粉で打ち粉をしたら、**4**の生地をおき、上にオーブンシートをもう一枚かぶせる。両手鍋などで上からプレスし、麺棒を使ってさらに薄くのばす。
6. 強めの中火で熱したフライパンに生地を入れ（油はひかない）、ふちが反り返ってきたら、ひっくり返し、こんがり焼き色がつくまで焼く。

point

トルティーヤを焼いた後に、ふちを切り取ると綺麗な円形に。すぐに食べない時は冷凍保存し、食べる時に冷蔵または常温解凍する。1ヶ月で使い切るようにする。

レシピ動画を見る ≫

DAY＿2

United States

2種類のバーガーでアメリカンな食卓に。
ビーンバーガーはたっぷりのチーズ風ソースと合わせて食べ応え満点。
アメリカ南部の定番コンビ、プールドポーク風と
コールスローも忘れずに。
ノンオイルでギルトフリーなベイクドポテトもどうぞ。Enjoy !

チーズ風味の
スパイシーベイクドポテト

DAY 2

United States

りんごの酸味と甘さで
さっぱりと仕上げて

コールスロー

■ 材料（2〜3人分）

〈豆腐マヨネーズ〉

- 絹豆腐…半丁（150g）
- レモン汁…小さじ1
- 米酢…小さじ2
- オリーブオイル…大さじ2
- 塩…小さじ⅔
- 粒マスタード…小さじ2

キャベツ…⅛個
にんじん…½本
塩…ひとつまみ
赤玉ねぎ…¼個
りんご…¼個

■ 作り方

1. 豆腐マヨネーズを作る。絹豆腐は清潔なふきんで包み、重しをして30分ほどおいて水切りをする。水切りをした豆腐とそれ以外の材料をブレンダーにかけ、よく混ぜ合わせ、10分ほど冷蔵庫におく。
2. キャベツとにんじんを千切りにして塩をする。軽くもみ、10分ほどおいて水分を出す。
3. キャベツとにんじんの水分をよく絞る。赤玉ねぎをみじん切りに、りんごを千切りにして加え、豆腐マヨネーズを加えて、よく混ぜ合わせる。器に盛りつけ、お好みで薄切りにしたりんご（分量外）をのせる。

point

豆腐マヨネーズは、混ぜ合わせた直後はサラサラとしていて、冷蔵庫で少しおくともったりとする。

ノンオイルで
カリッとヘルシー

チーズ風味の
スパイシーベイクドポテト

■ 材料（2〜3人分）

じゃがいも…中2個

A
- 塩…小さじ½
- チリパウダー…小さじ½
- ニュートリショナルイースト…大さじ1

■ 作り方

1. じゃがいもをくし切りにする。
2. Aを合わせて、じゃがいもにまんべんなくまぶす。
3. 耐熱皿にアルミホイルをしき、じゃがいもが重ならないように並べて、魚焼きグリルの上下中火で13分、中に火が通り、表面がこんがりするまで焼く。

point

たくさん作る場合は、220度に予熱したオーブンで30分焼く。チリパウダーの代わりに、ガラムマサラを使用してもおいしい。

お豆が主役！
ベジバーガーの定番

クラシックビーン バーガー

■ 材料（2人分）

くるみ…1/3カップ
オリーブオイル…適量
玉ねぎ…1/2個
粗いみじん切りにしたきのこ
（マッシュルーム、エリンギ、しめじなど）…1/2カップ
ミックスビーンズ（水煮）…1/2カップ
たかきび（炊いたもの）…1/2カップ
塩麹（P83参照）…大さじ1
ガーリックパウダー…小さじ1/4
ナツメグ…小さじ1/8
醤油…小さじ1/2
おからパウダー…大さじ2
レタス…適量
バーガーバンズ…2個
チーズ風ソース（P29参照）…適量

■ 作り方

1. フライパンを熱し、くるみが香ばしくなるまで乾煎りして、取り出しておく。
2. **1**で使ったフライパンにオリーブオイルを熱し、みじん切りにした玉ねぎを加え、炒まったらきのこを加え、しんなりするまで弱火で炒める。
3. **1**のくるみはみじん切りにし、ミックスビーンズは粗く刻む。レタス、バンズ、チーズ風ソース以外の材料をすべて合わせ、成形する。
4. 薄くオリーブオイルをひいたフライパンまたはグリルパンを熱して、**3**のパティをおき、蓋をして蒸し焼きにする。裏返して、両面をこんがり焼き上げる。
5. フライパンやオーブントースターでバンズに焼き色をつけ、レタスとパティをのせ、チーズ風ソースを塗り、はさむ。

point

ビーンズは潰し過ぎると粘り気が出るので注意。生地がまとまりにくい場合は、混ぜながら湯を少しずつ足す。

長時間の煮込み料理も
エリンギなら10分で

プールドポーク風 バーガー

■ 材料（2人分）

エリンギ…大2個
A
醤油麹（P84参照）…大さじ1
野菜出汁粉末（P87参照）…小さじ2
クミンパウダー…小さじ1
パプリカパウダー…小さじ1
オイスターソース風（P86参照）…大さじ1
ケチャップ…大さじ2
水…1/4カップ
バーガーバンズ…2個

■ 作り方

1. エリンギのかさは手でちぎり、軸はフォークを使って裂く。
2. エリンギと**A**を鍋に入れ、弱火で10分ほど煮込む。
3. フライパンやオーブントースターでバンズに焼き色をつけ、**2**をはさむ。

point

卵・乳製品不使用のバーガーバンズが手に入らない場合は、トーストまたはグリルしたフランスパンなどでサンドイッチにしてもOK。

レシピ動画を見る ≫

DAY_3 Spain

スペインの国旗のように赤と黄色が鮮やかに映える食卓。
こんにゃく特有のにおいと食感が魚を思わせるベジ・エスカベーチェは、
たっぷりの野菜でサラダに。スパニッシュオムレツ風には
もちきびのもちっとした食感とコクをプラス。メインディッシュは、
主役にふさわしい森のパエリア。Bienvenido a la mesa de España！

DAY 3

Spain

冷凍こんにゃくのフライで
食べ応え満点

エスカベーチェサラダ

■ 材料（2〜3人分）

こんにゃく…1枚
塩麹（P83参照）…小さじ2
片栗粉…適量
オリーブオイル…適量
玉ねぎ…$\frac{1}{2}$個
黄パプリカ…$\frac{1}{2}$個
にんじん…$\frac{1}{2}$本
〈マリネ液〉
　米酢…$\frac{1}{2}$カップ
　濃縮甘酒（P85参照）…大さじ2
　醤油麹（P84参照）…大さじ2
　塩麹（P83参照）…小さじ$\frac{2}{3}$
　水…$\frac{1}{4}$カップ
　鷹の爪（種を取り除く）…1本

■ 作り方

1. こんにゃくは冷凍しておき、冷蔵庫か室温で自然解凍する。水分を軽く絞ったら、1cm幅に切り、塩麹をもみ込んで下味をつける。
2. こんにゃくに片栗粉をまぶし、多めのオリーブオイルで揚げ焼きにする。
3. 玉ねぎとパプリカは薄切りに、にんじんは千切りにする。
4. マリネ液の材料を鍋に合わせて、火にかけて一煮立ちさせ、マリネ液が熱いうちに**3**の野菜に加え、30分以上漬けて味を浸透させる。
5. 皿に**2**と**4**の野菜を盛り合わせる。お好みでパセリ（分量外）を添える。

point

こんにゃくは、水分を完全に絞り出さずに揚げ焼きにすることでジューシーに。野菜と一緒にマリネ液に漬けて南蛮漬けにしてもいい。

もちきびのアクセントで
卵のような食感に

スパニッシュオムレツ風

■ 材料（2〜3人分）

生カシューナッツ…$\frac{1}{3}$カップ
木綿豆腐…1丁（300g）
ミニトマト…5個
ブロッコリー…4房
赤パプリカ…$\frac{1}{4}$個
塩麹（P83参照）…大さじ1
A
　ターメリック…小さじ$\frac{1}{8}$
　コーンスターチ…大さじ2
　ブラックソルト…ふたつまみ
　もちきび（炊いたもの）…$\frac{1}{3}$カップ

■ 作り方

1. 生カシューナッツは、3時間以上浸水させておく。木綿豆腐は、清潔なふきんで包み、重しをして30分以上おいて水切りする。
2. ミニトマトは半分に切り、ブロッコリーとパプリカは、小さな一口大に切る。ブロッコリーは芯が少し残るくらいに3分蒸し、パプリカは1分蒸す。
3. 浸水させた生カシューナッツ、木綿豆腐、塩麹をフードプロセッサーまたはブレンダーにかけて、なめらかにする。
4. **3**に**A**を加え、よく混ぜ合わせる。
5. 直径15cmの丸型のケーキ型または耐熱皿に薄く油（分量外）をひいて、**4**を半分流し入れ、野菜をのせ、上からかぶせるように残りの生地を流し入れ、表面を平らにする。
6. 180度に予熱したオーブンで30分焼き、粗熱をとって型から取り出す。

point

硫黄の香りがするブラックソルトを使うことで卵のような味わいになるが、なければ、普通の塩でOK。もちきびを炊く時は、1時間浸水させ、1.3倍の量の水を加え、炊飯器で炊く。

森の宝石、きのこを
ふんだんにちりばめて

森のパエリア

■ 材料（2〜3人分）

ブラウンマッシュルーム…6個
エリンギ…大1個
玉ねぎ…½個
にんにく…1片
赤パプリカ…½個
ほぐしたしめじ…1カップ
オリーブオイル…大さじ½＋大さじ½
米…1.5合
ホールトマト…½缶
ミックスビーンズ（水煮）…½カップ
A
水…3合（540ml）
野菜出汁粉末（P87参照）…小さじ2
サフラン…小さじ½
塩麹（P83参照）…大さじ2
冷凍グリーンピース…⅓カップ
レモン…適量
クレソン…適量

■ 作り方

1. ブラウンマッシュルームは4等分に切る。エリンギは4cmほどの長さに切り、3mm幅の薄切りにする。玉ねぎはみじん切りに、にんにくは薄切りにし、赤パプリカは6mm幅に切る。
2. フライパンにオリーブオイル（大さじ½）を熱し、きのこ3種を中火でしんなりするまで炒めて、取り出す。
3. 同じフライパンに、オリーブオイル（大さじ½）を足し、玉ねぎとにんにくを加えて、玉ねぎがしんなりするまで弱火で炒める。
4. **3**に米を足して、米が透き通るまで弱火で炒める。
5. **4**にホールトマトを崩しながら入れ、取り出しておいたきのこ3種、ミックスビーンズ、**A**を加える。全体を混ぜ合わせて、強めの中火にかける。
6. 煮立ったら蓋をして20分弱火で炊き、パプリカをトッピングし、さらに3分弱火で炊く。
7. 蓋を取り、冷凍グリーンピースをトッピングし、2〜3分強火にして水分を飛ばしながら、おこげを作る。火を止めたら、レモンとクレソンをのせる。

point

パエリアパンを使う場合、アルミホイルをかぶせて蓋の代わりにしてもいい。味の決め手となるサフランは必ず入れて。

レシピ動画を見る ≫

DAY_4

France

週末に友人を招いて、ワインを片手にゆっくり語らう
フランスの食卓。カラフルな野菜を煮込んだラタトゥイユは
ほっとする家庭の味。サラダはシンプルに仕上げるのが
フレンチスタイル。メインディッシュのグラタンは、
熱々をオーブンから出して。Bon appétit！

グラタン

DAY 4

France

思わずWOWと言わせる
シンプルサラダ

ビストロサラダ

■ 材料（2〜3人分）

サニーレタス…1枚
オレンジ…1個
くるみ…10個
ベビーリーフ…1袋
オリーブオイル…小さじ2

A
- りんご酢…小さじ2
- 粒マスタード…小さじ2
- 塩…小さじ1/8

■ 作り方

1. サニーレタスは一口大にちぎり、オレンジは果肉のみを切り出す。くるみは、粗いみじん切りにする。
2. ベビーリーフとサニーレタスを合わせ、オリーブオイルを垂らし、手でやさしく混ぜ合わせる。
3. **A**を合わせ、**2**にさっと混ぜ合わせる。
4. オレンジ、くるみを加えて、さっと混ぜ合わせる。

point

葉物野菜は、洗った後にスピナーなどを使いしっかりと水切りを。調味料は食べる直前に和えると、食感をフレッシュに保てる。

フランス流〝母の味〟を
たくさんの野菜で

ラタトゥイユ

■ 材料（2〜3人分）

玉ねぎ…1/2個
にんじん…1/2本
なす…1個
黄パプリカ…1/2個
ズッキーニ…1/2本
オリーブオイル…小さじ2
ホールトマト…1/2缶

A
- トマトペースト…大さじ1
- 乾燥オレガノ…小さじ1
- ローリエ…1枚
- 塩麹（P83参照）…小さじ4
- 水…1/2カップ

■ 作り方

1. 野菜はすべて、1.5cm角くらいに切る。
2. 鍋にオリーブオイルを熱し、玉ねぎを入れ、しんなりするまで炒める。
3. にんじんを加えて2分炒め、残りの野菜をすべて加える。ホールトマトを崩しながら入れ、**A**を加える。
4. 中火で煮立たせ、弱火で15分、野菜がやわらかくなるまで煮込む。器に盛りつけ、お好みでオレガノやタイムなどのフレッシュハーブ（分量外）をのせる。

point

冬は、れんこんやかぶなどの根菜、かぼちゃを使ってもおいしい。その場合は、オレガノの代わりにローズマリーがおすすめ。

こんがりチーズ風ソースで
クリーミーに

グラタン

■ 材料（2〜3人分）

〈チーズ風ソース〉

- 豆乳ヨーグルト…1カップ
- 酒粕…小さじ1
- 上新粉…大さじ1
- タピオカ粉…大さじ3
- オリーブオイル…$1/4$カップ
- 水…$1/2$カップ
- 塩麹（P83参照）…小さじ4
- 白味噌…小さじ1
- ニュートリショナルイースト…大さじ1
- 生カシューナッツ…$1/3$カップ（一晩浸水させておく）

生カシューナッツ…$1/3$カップ
水…1カップ
玉ねぎ…$1/4$個
にんにく…1片
ほうれん草…1束
オリーブオイル…小さじ2
ほぐしたしめじ…1カップ
塩麹（P83参照）…小さじ4
こしょう…少々
ペンネ…100g
塩…少々

■ 作り方

1. チーズ風ソースは、材料をすべてフードプロセッサーまたはブレンダーに入れ、なめらかになるまで攪拌する。鍋に入れて、弱火でのり状になるまでかき混ぜながら煮詰める。
2. 生カシューナッツと水をブレンダーにかけてカシューミルクを作っておく。
3. 玉ねぎとにんにくは薄切りにし、ほうれん草は一口大に切っておく。
4. 深めのフライパンにオリーブオイルを熱し、玉ねぎとにんにくを加え、玉ねぎがしんなりするまで弱めの中火で炒める。
5. ほうれん草、しめじを加えてさっと炒め合わせ、**2**のカシューミルク、塩麹、こしょうを加えて、弱火で少しとろみがつくまで煮る。
6. 沸騰した湯にペンネと塩を加え、パッケージの表記時間より2分短く茹でる。
7. 耐熱皿に茹でたペンネを入れ、**5**をかけ、さらにその上にチーズ風ソースをかける。220度に予熱したオーブンまたはオーブントースターで10分、表面がこんがりとするまで焼く。

point

チーズ風ソースが余ったら、野菜にトッピングしてローストしたり、ディップソースにしたりするといい。冷凍保存も可能。1ヶ月で使い切るようにする。

レシピ動画を見る ≫

DAY_5

Italy

晴れた日の午後、イタリアンな食卓を囲んで夢の話をしよう。
プラントベース（植物由来）で無添加、安心、安全な
ミートソース風パスタ、モッツァレラチーズ風をみんなで食べる日の話を。
体も心も喜ぶサラダに、スープも加えて。
どんな違いも忘れ、みんなが笑顔になれる豊かな食卓。Attraversiamo！

ローストベジサラダ

カプレーゼ風
グリーンミネストローネ
ボロネーゼパスタ

DAY 5

Italy

グリル野菜×バルサミコ酢の
おいしい共演

ローストベジサラダ

■ 材料（2〜3人分）

ブロッコリー…4房
なす…1個
ズッキーニ…½本
ピーマン…2個
オリーブオイル…適量
〈マリネ液〉
バルサミコ酢…大さじ2
オリーブオイル…大さじ½
粒マスタード…小さじ1
醤油…小さじ1
メープルシロップ…小さじ2
塩麹（P83参照）…小さじ1
ルッコラ…1束

■ 作り方

1. ブロッコリー、なす、ズッキーニ、ピーマンは一口大に切る。
2. グリルパンまたはフライパンに薄くオリーブオイルをひき、**1**の野菜を並べ蓋をして、中火で蒸し焼きにする。片面が焼けたら、ひっくり返し、中に火が通り、表面がこんがりとするまで焼く。
3. マリネ液の材料を合わせ、野菜が焼けたら、熱いうちにマリネ液に漬け、そのまま冷ます。
4. ルッコラは5cmほどの長さに切り、皿に盛りつける。
5. マリネしておいた野菜を**4**の上に盛る。

point

玉ねぎやきのこ類をローストするのもおすすめ。サラダとして食べるほかに、フォカッチャなどにはさんでグリルプレスし、ホットサンドにしてもおいしい。

モッツァレラチーズを
もちっとクリーミーに再現

カプレーゼ風

■ 材料（2〜3人分）

〈モッツァレラチーズ風〉

- 豆乳ヨーグルト…1カップ
- 生カシューナッツ
  …1/3カップ（一晩浸水させておく）
- 酒粕…小さじ1
- 塩麹（P83参照）…小さじ4
- 白味噌…小さじ1
- タピオカ粉…大さじ3
- 上新粉…大さじ1
- オリーブオイル…大さじ2
- 水…1/2カップ
- 粉寒天…小さじ2

ミニトマト…6個

塩…適量

オリーブオイル…適量

バジル…適量

■ 作り方

1. モッツァレラチーズ風は、水と粉寒天以外の材料をすべてフードプロセッサーまたはブレンダーに入れて、なめらかになるまで攪拌する。
2. 鍋に水と粉寒天を入れ、中火にかけて、かき混ぜながら煮溶かす。沸騰したら、弱火にして、ふきこぼれないように**1**を加えて、のり状になるまでかき混ぜながら煮詰める。
3. **2**の粗熱がとれ、まとまりやすくなったら、すいとんを作る要領でスプーンで成形しながら、氷水に落とし入れる。
4. ミニトマトは半分に切る。
5. モッツァレラチーズ風とミニトマトを皿に盛りつけ、塩をふりかけ、オリーブオイルを垂らして、バジルの葉をトッピングする。

point

モッツァレラチーズ風は氷水に落とすと、すぐに固まる。
水の中で、手で丸くボール状に成形してもいい。

レシピ動画を見る ≫

Italy

鮮やかなグリーンソースを
たっぷりとかけて

グリーンミネストローネ

■ 材料（2〜3人分）

玉ねぎ…$\frac{1}{4}$個
セロリ…1本
ケール…2枚
オリーブオイル…小さじ2

A
白いんげん豆（水煮）…$\frac{1}{2}$カップ
塩麹（P83参照）…小さじ4
野菜出汁粉末（P87参照）…小さじ1
乾燥タイム…小さじ$\frac{1}{2}$
ローリエ…1枚
水…2カップ

〈ジェノベーゼソース〉
バジル…$\frac{1}{2}$カップ（きっちり詰めて）
サラダほうれん草
…1カップ（きっちり詰めて）
くるみ…$\frac{1}{4}$カップ
レモン汁…大さじ1 $\frac{1}{2}$
塩麹（P83参照）…小さじ2
ニュートリショナルイースト…大さじ1$\frac{1}{2}$
にんにく…1片
オリーブオイル…大さじ1
水…適量

レモン汁…大さじ1

■ 作り方

1. 玉ねぎはみじん切りに、セロリは5mm角に、ケールは細切りにする。
2. 鍋にオリーブオイルを熱し、玉ねぎを加え、弱火でしんなりするまで炒める。
3. セロリ、ケールを加えてさっと炒めたら、**A**を加えて、強めの中火で煮立たせ、弱火で10分、野菜がやわらかくなるまで煮る。
4. ジェノベーゼソースは、水以外の材料をフードプロセッサーまたはブレンダーに入れ、少しずつ水を足しながらペースト状になるまで攪拌する。
5. **3**にレモン汁を加えて、一煮立ちさせ、器に移したら、たっぷりのジェノベーゼソースをかける。

point

仕上げにグリーンピースをのせると彩りがさらによくなる。ジェノベーゼソースはパスタソースにしたり、生野菜と和えたりしてもいい。冷凍保存も可能。1ヶ月で使い切るようにする。

毎日食べても飽きない
ほっとする味

ボロネーゼパスタ

■ 材料（2〜3人分）

玉ねぎ…$\frac{1}{2}$個
にんにく…1片
オリーブオイル…小さじ2

A
- たかきび（炊いたもの）…1カップ
- 塩麹（P83参照）…小さじ4
- ケチャップ…大さじ1
- 野菜出汁粉末（P87参照）…小さじ2
- 味噌…小さじ1
- ローリエ…1枚
- オイスターソース風（P86参照）…小さじ1

ホールトマト…1缶
スパゲティ…160g
塩…少々

■ 作り方

1. 玉ねぎはみじん切りに、にんにくは薄切りにする。
2. 鍋にオリーブオイルを熱し、玉ねぎとにんにくを加え、玉ねぎがしんなりするまで弱火で炒める。
3. **2**に**A**とホールトマトを崩しながら入れ、混ぜ合わせ、弱火で10分煮込む。
4. 沸騰した湯にスパゲティと塩を加え、パッケージの表記時間通りに茹でたら、皿に盛りつけ、**3**をかける。お好みでパセリ（分量外）を添える。

point

スライスしたマッシュルームや刻んだにんじんを加えてもおいしい。スパゲティのほかにペンネでも。ソースは冷凍保存も可能。1ヶ月で使い切るようにする。

DAY_6

Russia

少しエレガントな、貴族の晩餐をイメージしたロシアの食卓。
ヴィーガンマヨネーズと色とりどりの食材を合わせたオリビエサラダ。
食卓に映えるボルシチは、野菜の旨味でさっぱりと仕上げて。
最後はカリッと揚げたキエフ流カツレツ風と濃厚なストロガノフで
リッチなひと時を過ごして。

マッシュルームストロガノフ

オリビエサラダ
キエフ流
高野豆腐カツレツ風
ボルシチ

DAY 6

Russia

マヨネーズたっぷりの
ロシア風ポテサラ

オリビエサラダ

■ 材料（2～3人分）

にんじん…1/4本
じゃがいも…大1個
冷凍グリーンピース…1/4カップ

A
- キドニービーンズ（水煮）…1/3カップ
- 赤玉ねぎ（みじん切り）…1/8個
- きゅうりのピクルス（みじん切り）…1/4カップ
- 豆腐マヨネーズ（P20参照）…適量

■ 作り方

1. にんじんは1cm角、じゃがいもは2cm角くらいに切る。
2. にんじんとじゃがいもを10～15分蒸して、火を通す。火を止めてから、冷凍グリーンピースを加えて、蓋をしておく。
3. **A**を合わせ、**2**の野菜を加え、混ぜ合わせる。

point

きゅうりのピクルスは市販のものの代わりに手作りでもOK。赤玉ねぎがない場合は、通常の玉ねぎを使用。

燃えるように赤いスープで
体の芯から温めて

ボルシチ

■ 材料（2～3人分）

じゃがいも…中1個
にんじん…1/2本
ビーツ…中1個
キャベツ…2枚
玉ねぎ…1/4個
にんにく…1片
オリーブオイル…小さじ2

A
- ケチャップ…大さじ1
- 水…1カップ
- 野菜出汁粉末（P87参照）…小さじ2
- 塩麹（P83参照）…小さじ4
- ローリエ…1枚
- 乾燥タイム…小さじ1/2

ホールトマト…1/2缶

■ 作り方

1. じゃがいもは小さな一口大に切る。にんじん、ビーツ、キャベツは千切りに、玉ねぎは粗いみじん切りに、にんにくは薄切りにする。
2. 鍋にオリーブオイルを熱し、玉ねぎとにんにくを加え、玉ねぎがしんなりするまで弱火で炒める。
3. そのほかの野菜を加え、さっと炒め合わせたら、**A**とホールトマトを崩しながら加える。
4. 中火で一煮立ちさせたら、弱火で15～20分、野菜が完全にやわらかくなるまで煮込む。

point

生のビーツがない場合は、缶詰や水煮を使う。水切りした豆乳ヨーグルトをトッピングすれば、サワークリーム風になる。

≪ レシピ動画を見る

外はカリッ、中は汁が
じゅわっと広がる

キエフ流 高野豆腐カツレツ風

■ 材料（2〜3人分）

高野豆腐…2個

A
- パセリ（刻んだもの）…小さじ1
- 塩麹（P83参照）…小さじ2
- オリーブオイル…小さじ2
- にんにくすりおろし…1片分

小麦粉…大さじ2
水…大さじ4
パン粉…適量
塩…小さじ⅛
オリーブオイル…適量

■ 作り方

1. 高野豆腐は2分浸水させてから5分蒸し、流水で水を絞りながら洗う。
2. 高野豆腐に切り込みを入れ、ポケットを作る。ポケットに**A**を合わせたものを2等分して入れる。
3. 小麦粉を水で溶いたもので高野豆腐をコーティングし、パン粉に塩を混ぜ合わせたものをしっかりとつける。
4. 多めのオリーブオイルをフライパンに熱し、中火で高野豆腐の両面をこんがりと揚げ焼きにする。

point

グルテンフリーにする場合は、水溶き小麦粉を長芋のとろろにし、卵・乳製品不使用の米粉のパンをフードプロセッサーにかけたパン粉を使う。

クリーミーで濃厚な味わいを
野菜で再現

マッシュルームストロガノフ

■ 材料（2〜3人分）

生カシューナッツ…⅓カップ
水…1カップ
豆乳ヨーグルト…½カップ
玉ねぎ…¼個
にんにく…1片
ブラウンマッシュルーム…4個
エリンギ…大1個
オリーブオイル…小さじ2

A
- 塩麹（P83参照）…大さじ1
- 白味噌…小さじ1
- パプリカパウダー…小さじ¼

レモン汁…小さじ2
ごはん…適量
パセリ…適量

■ 作り方

1. 生カシューナッツと水をブレンダーにかけ、カシューミルクを作っておく。
2. 豆乳ヨーグルトは、清潔なガーゼをしいたざるにのせ、30分以上水切りする。
3. 玉ねぎ、にんにく、ブラウンマッシュルームは薄切りに、エリンギは長さ4cmの薄切りにする。
4. 深めのフライパンでオリーブオイルを熱し、玉ねぎとにんにくを加え、玉ねぎがしんなりするまで弱火で炒めたら、ブラウンマッシュルームとエリンギを加える。
5. **4**に**1**のカシューミルクと合わせた**A**を加え、弱火で10分煮込む。
6. 水切りしておいた豆乳ヨーグルトとレモン汁を**5**に加えて、一煮立ちさせる。
7. 皿にごはんを盛り、**6**をかけ、パセリを散らす。

point

ブレンダーのパワーに不安がある場合は、カシューナッツを3時間くらい浸水させておくといい。エリンギの代わりにしめじも合う。

DAY_7

Middle East

ひよこ豆のディップ、ミントが主役のサラダ、
栄養満点なモロヘイヤのスープ。
遠い異国の風を感じられる、中東の定番料理。
ポイントはスパイスやハーブをたくさん入れ過ぎないこと。
タジン鍋を棚から出して、野菜をふんだんに使った煮込み料理にも挑戦。

もちきび入り
野菜のタジン煮
モロヘイヤの
エジプトスープ

DAY 7

Middle East

爽やかなミントが
口いっぱいに広がる

モロッコ風サラダ

■ 材料（2〜3人分）

ミニトマト…10個
きゅうり…½本
赤玉ねぎ…⅛個
ミントの葉…大さじ2
レモン汁…½個分（約大さじ3）
塩麹（P83参照）…小さじ2

■ 作り方

1. ミニトマトはくし切りにする。きゅうりは1cm角に切り、赤玉ねぎは粗いみじん切りにする。
2. すべての材料を合わせて、10分ほどおいて味を馴染ませる。

point

ミントの代わりにイタリアンパセリや香菜を使い、みじん切りにしたパプリカとオリーブオイルを足せばイスラエル風サラダに。

「王様の野菜」モロヘイヤを
たっぷり使い、栄養満点

モロヘイヤのエジプトスープ

■ 材料（2〜3人分）

モロヘイヤ…1束
玉ねぎ…¼個
にんにく…1片
トマト…小2個
オリーブオイル…小さじ1
A
水…1カップ
塩麹（P83参照）…大さじ2
コリアンダーパウダー…小さじ1
クミンパウダー…小さじ½
レモン汁…大さじ1½

■ 作り方

1. モロヘイヤはざく切りに、玉ねぎ、にんにく、トマトは粗いみじん切りにする。
2. 鍋にオリーブオイルを熱し、玉ねぎとにんにくを加え、玉ねぎがしんなりするまで弱火で炒める。
3. **A**とモロヘイヤを**2**に加えて、中火で一煮立ちさせ、弱火で5分ほど煮込む。
4. **3**の粗熱をとって、ブレンダーに入れ、なめらかになるまで攪拌する。
5. **4**を鍋に戻し、トマトとレモン汁を加えて、一煮立ちさせる。

point

生のモロヘイヤが出回らない冬の時期は、ほうれん草とオクラで代用するといい。夏の間にモロヘイヤを冷凍しておくのもおすすめ。

にんにくの風味が
食欲を刺激する

フムス

■ 材料（2〜3人分）

にんにく…1/2片

A
- ひよこ豆（水煮）…1/2カップ
- クミンパウダー…小さじ1/4
- 塩麹（P83参照）…大さじ1
- 白ねりごま…大さじ2
- オリーブオイル…大さじ1/2
- レモン汁…大さじ1

水…適量

オリーブオイル…適量

■ 作り方

1. にんにくはすりおろす。
2. **1**と**A**をフードプロセッサーまたはブレンダーに入れて、水を少しずつ加えながら、なめらかなペースト状になるまで攪拌する。
3. 器に盛りつけて、オリーブオイルを垂らす。お好みでフレッシュハーブ（分量外）を添える。

point

ピタパンにつけていただくのがおすすめ。スプレッドとして野菜とサンドイッチにしてもおいしい。冷凍保存も可能。1ヶ月で使い切るようにする。

クスクスではなく
きびで栄養価アップ

もちきび入り野菜のタジン煮

■ 材料（2〜3人分）

にんにく…1片

オリーブオイル…小さじ2

玉ねぎ…1/4個

A
- なす…1/2個
- ズッキーニ…1/2本
- オクラ…4個
- トマト…小1個
- 塩麹（P83参照）…小さじ4
- ターメリック…小さじ1/4
- クミンパウダー…小さじ1/2
- コリアンダーパウダー…小さじ1

水…3/4カップ

もちきび…1/3カップ

■ 作り方

1. にんにくはみじん切り、そのほかの野菜はすべて1.5cm角に切る。もちきびはたっぷりの水（分量外）で1時間ほど浸水させておく。
2. タジン鍋または通常の鍋にオリーブオイルを熱し、玉ねぎとにんにくを加え、玉ねぎがしんなりするまで弱火で炒める。
3. **A**を**2**に加えてさっと炒めたら、いったん取り出す。
4. 水と水切りした**1**のもちきびと**3**を鍋に入れる。
5. 蓋をして、強めの中火で煮立たせ、弱火で13分ほど炊く。

point

食べる前に野菜ともちきびをよく混ぜ合わせる。

レシピ動画を見る ≫

COLUMN

ヴィーガンという生き方

私はヨガを真剣にするようになり、ahimsa（非暴力）というヨガの教えに従い、菜食になりました。その過程で食事だけではなく、普段消費しているものを含め、自分の生き方がありとあらゆる命、環境にもたらす影響についても考えるようになりました。そして、ほかの命をなるべく傷つけない生き方は、自分の体や心にもやさしいということに気づき、それを追求する中で、自分だけで完結するものではなく、より多くの人に「やさしい選択」を広めることができれば、という想いが高まりました。おいしく、楽しい食卓から、それぞれがお互いに、そして自分にやさしくなれる世界。その可能性がヴィーガンという生き方にはあると信じています。

手作り調味料にこだわる

私たちは、「欲しい」と思ったものが、すぐに近くのお店やネットで手に入る生活に慣れています。そんな便利な生活の中で、普段食するものや使うものが目の前に現れる前に、どこかで、誰かが、または何かが時間をかけてくれている、ということを忘れがちになってはいないでしょうか。塩麹は、麹菌という微生物の力を借りて、常温では1週間ほど、発酵機や炊飯器を使っても6時間は待たないとできあがりません。でも、「待つ」時間があることで、作り手はすべての食材を大切に扱うことができ、その愛情は隠し味となって料理をより一層おいしくしてくれると思います。P82～87では、日常的に使う常備調味料の作り方を紹介しています。ぜひ試してみてください。

Q & A

Q 塩麹は市販のものや塩でもいいですか？

A もちろん大丈夫です。
慣れてきたら手作りに挑戦してみてください。

ただし、塩で代用する場合は、
塩麹小さじ4を塩小さじ2弱にするというように、
半分よりやや少なくしてください。

Q 甘味料はメープルシロップ以外に何が使えますか？

A アガベシロップ、
デーツシロップなどが使えます。

国産の昔ながらの麦芽水あめは
照りをつけたい時におすすめです。砂糖を使う場合は、
白砂糖ではなく、てんさい糖を使いましょう。

Q レモン汁は市販のものでも大丈夫ですか？

A 生のレモンが手に入らない場合は
大丈夫です！

生のレモンと市販のレモン汁では、
やはり味がまったく違います。特に生野菜と和える時など、
加熱せず使う場合は、搾りたてのレモン汁をおすすめします。

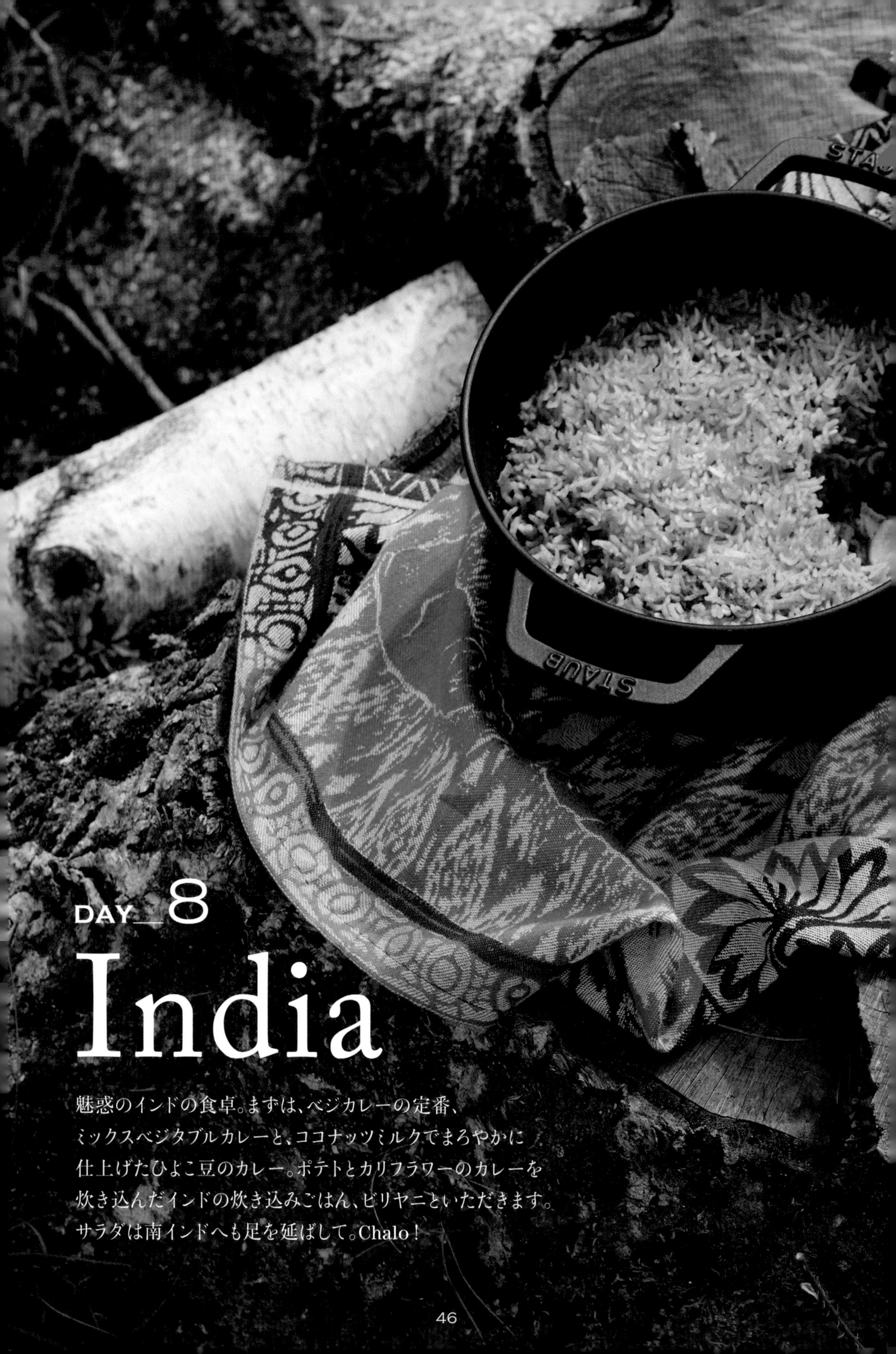

DAY_8

India

魅惑のインドの食卓。まずは、ベジカレーの定番、
ミックスベジタブルカレーと、ココナッツミルクでまろやかに
仕上げたひよこ豆のカレー。ポテトとカリフラワーのカレーを
炊き込んだインドの炊き込みごはん、ビリヤニといただきます。
サラダは南インドへも足を延ばして。Chalo！

にんじんと
きゅうりのライタ
ひよこ豆の
ココナッツミルクカレー
ミックス
ベジタブルカレー
ポテトとカリフラワーの
ビリヤニ

DAY 8

India

ライスと一緒にどうぞ！
ヨーグルトのサラダ

にんじんときゅうりのライタ

■ 材料（2〜3人分）

にんじん…3/4本
きゅうり…3/4本
青唐辛子…1/4本（辛くしたい場合）
クミンシード…小さじ3/4
豆乳ヨーグルト…1カップ
塩麹（P83参照）…小さじ4
レーズン…大さじ2
しょうがすりおろし…小さじ1/2

■ 作り方

1. にんじんときゅうりは長さ2cmほどの細切りにする（チーズグレーターを使って削るのも可）。青唐辛子は、種を取り除き、みじん切りにする。
2. クミンシードはフライパンで乾煎りして、香りを立たせる。
3. すべての材料を合わせて、10分ほどおいて味を馴染ませる。器に盛りつけ、お好みでミントなどのフレッシュハーブ（分量外）をのせる。

point

にんじんのみ、きゅうりのみで作ってもいい。そのほか、玉ねぎ、大根、ビーツ、ゴーヤなど、季節の野菜で作るのもおすすめ。

鮮やかな黄色に染まった
ふわふわのライス

ポテトとカリフラワーの ビリヤニ

■ 材料（2〜3人分）

玉ねぎ…1/4個
カリフラワー…1/4個
じゃがいも…小3個
トマト…小1個
米油…小さじ2
にんにくすりおろし…小さじ1
しょうがすりおろし…小さじ1
〈ホールスパイス〉
A | グリーンカルダモン…4粒※省略可
A | クミンシード…小さじ1
〈パウダースパイス〉
B | ガラムマサラ…小さじ1
B | ターメリック…小さじ1/4
B | 一味唐辛子…適量（辛くしたい場合）
塩麹（P83参照）…大さじ2
香菜（刻んだもの）…大さじ2
バスマティライス…1カップ
塩…ふたつまみ
水…1 1/2カップ

■ 作り方

1. バスマティライスはよく洗い、10分ほど浸水（分量外）させておく。
2. 玉ねぎとトマトはみじん切りにする。カリフラワーとじゃがいもは小さめの一口大に切る。
3. 鍋に米油を熱し、中火で**A**を炒めて香りが立ってきたら、玉ねぎを加え、しんなりするまで炒める。
4. にんにくとしょうがを加えて、さっと炒め合わせたら、**B**と塩麹、トマトを加え、炒め合わせる。続いて、カリフラワー、じゃがいも、香菜を加え、炒め合わせる。
5. **4**の上に水を切ったバスマティライスをのせ、塩をふりかけ、表面を平らにする。
6. 鍋肌からそっと水を入れ、蓋をしたら、強めの中火で沸騰させる。弱火にして15分炊き、さらに15分ほど蓋を開けずに蒸らす。器に盛りつけ、お好みで香菜（分量外）をのせる。

point

グリーンカルダモンはネットやインド食材店などで入手可能。加えると、甘く芳醇な香りがプラスされる。

レシピ動画を見る ≫

DAY 08

India

野菜はお好みのものでOK
アレンジ自由自在

ミックスベジタブルカレー

■ 材料(2〜3人分)

玉ねぎ…1/4個
トマト…小1個
米油…小さじ2
〈ホールスパイス〉
A
- ローリエ…1枚
- クミンシード…小さじ1/2
- コリアンダーシード…小さじ1/2

〈パウダースパイス〉
B
- ターメリック…小さじ1/8
- ガラムマサラ…小さじ1/2
- 一味唐辛子…適量(辛くしたい場合)

にんじん…1/2本
大根…1/2本
かぼちゃ…1/2個
しめじ…1/2パック
生カシューナッツ…1/4カップ
水…1/4カップ
塩麹(P83参照)…小さじ4
冷凍グリーンピース…1/4カップ

■ 作り方

1. 玉ねぎとトマトはみじん切りにする。
2. 鍋に米油を熱し、弱めの中火で**A**を香りが立つまで炒め、玉ねぎを加えて、しんなりするまで炒める。
3. **2**に**B**とトマトを加えて、炒め合わせる。
4. **3**に1cm角に切ったにんじん、大根、小さめの一口大に切ったかぼちゃと、ほぐしたしめじ、カシューナッツ、水、塩麹を加えて、中火で一煮立ちさせたら、弱火で15分ほど煮込む。
5. 最後にグリーンピースを足して蓋をし、火を止めて少し蒸らす。

point

ホールスパイスが手元にない場合は、パウダー状のものをパウダースパイスに追加してもいい。

ココナッツミルクで
やさしい味わいに

ひよこ豆のココナッツミルクカレー

■ 材料（2〜3人分）

玉ねぎ…1/4個
米油…小さじ2
〈ホールスパイス〉
A
- クローブ…2粒※省略可
- グリーンカルダモン…3粒※省略可
- シナモンスティック…3cm※省略可
- クミンシード…小さじ1/2

にんにくすりおろし…小さじ1
しょうがすりおろし…小さじ1
〈パウダースパイス〉
B
- ターメリック…小さじ1/8
- クミンパウダー…小さじ1/2
- コリアンダーパウダー…小さじ1

ひよこ豆（水煮）…1カップ
水…1/2カップ
青唐辛子…1本（辛くしたい場合）
塩麹（P83参照）…小さじ4
ココナッツミルク…1/2缶

■ 作り方

1. 玉ねぎはみじん切りにする。
2. 鍋に米油を熱し、**A**を加え、弱めの中火で香りが立つまで炒めたら、玉ねぎを加えて、しんなりするまで炒める。
3. にんにくとしょうがを加えて、さっと炒め合わせたら、**B**を加えて炒め合わせる。
4. **3**にひよこ豆、水、青唐辛子（切らずにそのまま）、塩麹を加えて、中火で一煮立ちさせたら、弱火で10分ほど煮込む。
5. ココナッツミルクを足して、一煮立ちさせる。

point

スパイスはスーパーで手に入るものから始めて、インド食材店などで買い求めて少しずつ種類を増やしていくといい。

DAY＿9

Indonesia

ヘルシーだけど、濃い目の味付けが食べたい。
そんな時は、インドネシアの食卓はいかが？
エスニックなハーブの香りが決め手の
濃厚ココナッツミルクカレー。インドネシアの定番、
サテイとナシゴレンは特製旨味だれ＆ソースで。
たっぷりの蒸し野菜とピーナッツソースのサラダも忘れずに。

ガドガド
厚揚げのサテイ

Indonesia

無限に野菜が食べられる
濃厚ソース

ガドガド

■ 材料（2〜3人分）

赤パプリカ…1/4個
黄パプリカ…1/4個
ブロッコリー…5房
もやし…1/4袋
〈ソース〉
ピーナッツバター（無塩・無糖）…大さじ3
米酢…小さじ2
醤油麹（P84参照）…大さじ2
水…適量
テンペ（お好みで）…適量

■ 作り方

1. パプリカは厚めに切る。
2. ブロッコリーは4分ほど、パプリカは2分ほど、もやしは1分ほど蒸す。
3. ソースの材料を合わせ、少しずつ水を加えて、なめらかにする。
4. 野菜と一口大にカットしたテンペ、ソースを皿に盛りつける。

point

ソースは水を多めに加えて、さらさらとさせてもいいし、少量の水でディップソースのようにしてもいい。

甘辛なたれでこんがりと
ごはんがすすむ一品

厚揚げのサテイ

■ 材料（2〜3人分）

厚揚げ…1枚
〈漬けだれ〉
にんにく…1片
レモングラス…1/2本
梅干し…1個
ピーナッツバター（無塩・無糖）…大さじ2
醤油麹（P84参照）…大さじ2
メープルシロップ…大さじ1
醤油…大さじ1
水…1/4カップ
一味唐辛子…少々（辛くしたい場合）
米油…適量

■ 作り方

1. 厚揚げは、5分蒸して、8等分に切る。
2. 漬けだれのにんにくはすりおろし、レモングラスは外の皮を剝いて半分に切り、梅干しは種を取り除いて包丁で刻み、ペースト状にする。
3. **2**と漬けだれの残りの材料を合わせ、厚揚げを漬けて、30分以上おいて味を染み込ませる。
4. 耐熱皿に薄く米油をひき、余分な漬けだれを取り除いた厚揚げを並べ、魚焼きグリルの上下中火で、表面がこんがりとするまで8〜10分焼く。

point

魚焼きグリルのほかに七輪などで網焼きにしてもいい。また、水切りした木綿豆腐やテンペを厚揚げの代わりに使ってもOK。

≪ レシピ動画を見る

インドネシアを代表する
食材を使って

ポテトとテンペのココナッツミルクカレー

■ 材料（2〜3人分）

A
しょうが…$\frac{1}{2}$片
にんにく…2片
玉ねぎ…$\frac{1}{4}$個
生カシューナッツ…$\frac{1}{4}$カップ
水…$\frac{1}{2}$カップ

じゃがいも…小3個
テンペ…200g
ココナッツオイル…小さじ2
こぶみかんの葉…3枚
青唐辛子…1本
塩麹（P83参照）…小さじ4

B
コリアンダーパウダー…小さじ1
ターメリック…小さじ$\frac{1}{8}$

ココナッツミルク…$\frac{1}{2}$缶

■ 作り方

1. **A**をフードプロセッサーまたはブレンダーでなめらかになるまで攪拌する。
2. じゃがいもは4等分に切り、テンペは2cm角くらいに切る。
3. 鍋にココナッツオイルを熱し、こぶみかんの葉を中火で炒め、香りが立ってきたら、**1**を加えて、弱火で2〜3分炒める。
4. じゃがいも、青唐辛子（切らずにそのまま）、塩麹、**B**を**3**に加え、弱火で10分煮込み、テンペを加えてさらに3分煮込む。
5. ココナッツミルクを加えて、一煮立ちさせる。

point

テンペはアジア食材店やネットで購入可能。入手が難しい場合は、大豆やそのほかの豆の水煮や厚揚げを使ってもおいしくできる。

インドネシアの焼き飯
炒り卵風をのせて

ナシゴレン

■ 材料（2〜3人分）

〈炒り卵風〉
木綿豆腐…半丁（150g）
米油…小さじ1
ターメリック…少々
ブラックソルト…ひとつまみ

玉ねぎ…$\frac{1}{4}$個
にんじん…$\frac{1}{4}$本
にんにく…1片
しょうが…$\frac{1}{4}$片
米油…小さじ2
炊いたバスマティライス（P90参照）…2膳分

A
鷹の爪…$\frac{1}{2}$本（種は取り除く）
オイスターソース風（P86参照）…小さじ2
ケチャップ…小さじ2
干しえのき（みじん切り）…大さじ1
醤油…大さじ1
メープルシロップ…小さじ1
レモン汁…小さじ2

香菜（お好みで）…適量

■ 作り方

1. 炒り卵風は、木綿豆腐を清潔なふきんに包み、重しをして30分以上、水切りする。水切りした豆腐を小さくちぎり、米油、ターメリック、ブラックソルトと炒め合わせる。
2. 玉ねぎ、にんじん、にんにく、しょうがはみじん切りにする。
3. フライパンに米油を熱し、**2**を加え、にんじんがやわらかくなるまで弱火で炒める。
4. バスマティライスを**3**に足し、中火でさっと炒め合わせる。
5. 合わせた**A**を**4**に加え、強火で炒め合わせる。
6. 皿に盛りつけ、炒り卵風をのせ、香菜を添える。

point

バスマティライスの代わりに、タイのジャスミンライス、日本米（冷やごはん）でもOK。生カシューナッツを加えてもおいしい。

DAY_10

Thailand

今日は早めに仕事を切り上げて、タイビールを開けよう。
さっと炒めた青菜とさっぱりサラダをつまみにスタート。
たっぷりタイハーブが香る酸っぱ辛い精進トムヤムクンは、
いつだっておいしい。隠し味の効いた
パッタイをほお張れば、ゆるく、長く、楽しむ夜の始まり。

タイの青菜炒め

パッタイ

ヤムウンセン
精進トムヤムクン

DAY 10

Thailand

塩麴とにんにくで
シンプルに炒め合わせて

タイの青菜炒め

■ 材料（2〜3人分）

青菜（空心菜、小松菜、青梗菜など）…1束
にんにく…1片
米油…小さじ2
塩麴（P83参照）…小さじ2

■ 作り方

1. 青菜は、4cm幅に切る。にんにくは薄切りにする。
2. フライパンに米油を熱し、強火で青菜とにんにくを炒め、塩麴を加えて、さっと炒め合わせる。

point

空心菜や小松菜など茎が比較的硬い野菜を使う場合は、茎を先に炒めてから葉を加えるといい。

爽やかな春雨サラダに
もちっとした食感をプラス

ヤムウンセン

■ 材料（2〜3人分）

セロリ…1本
赤玉ねぎ…¼個
ミニトマト（赤、黄）…7個
香菜…1束
春雨…45g
ピーナッツ…¼カップ
レモン汁…大さじ3
醤油…小さじ1
濃縮甘酒（P85参照）…大さじ1
塩…ひとつまみ
もちきび（炊いたもの）…⅓カップ

■ 作り方

1. セロリは斜めに薄切り、赤玉ねぎは薄切り、ミニトマトは半分に切り、香菜は茎の部分はみじん切りに、葉の部分はざく切りにする。
2. 春雨はパッケージの表記時間通りに茹でて、4cmほどの長さに切る。
3. 香菜の葉以外の材料を合わせて、10分ほどおいて味を馴染ませる。器に盛りつけ、香菜の葉をのせる。

point

もちきびの代わりに、そぼろ状の大豆ミートを使ってもいい。

フレッシュなタイハーブが
本場の味を演出

精進トムヤムクン

■ 材料（2〜3人分）

玉ねぎ…$\frac{1}{4}$個
こぶみかんの葉…2枚＋1枚
レモングラス…1本
鷹の爪…$\frac{1}{2}$本
梅干し…1個
A ガランガル（おろしたもの）…小さじ1
　塩麹（P83参照）…小さじ4
　水…$\frac{1}{4}$カップ
トマト…小1個
干しえのき…$\frac{1}{3}$カップ
水…1カップ
オイスターソース風（P86参照）…小さじ1
醤油…小さじ2
ライム汁またはレモン汁…大さじ3（約$\frac{1}{2}$個分）

■ 作り方

1. 玉ねぎは粗いみじん切りにし、こぶみかんの葉（2枚）は真ん中の硬い葉脈を取り除き、レモングラスは外側の皮を剥いて、5cm分をざく切りにし、鷹の爪と梅干しは種を取り除く。
2. **1**と**A**をフードプロセッサーまたはブレンダーに入れて、なめらかになるまで攪拌する。
3. トマトは粗いみじん切りに、残りのレモングラスは3cmくらいの長さに切る。
4. すべての材料を鍋に入れ、中火で一煮立ちさせ、弱火で10分ほど煮込む。器に盛りつけ、お好みで香菜（分量外）をのせる。

point

マッシュルームやまいたけなどのきのこ類、厚揚げを加えて作ってもおいしい。

オイスターソース風と
ケチャップが隠し味

パッタイ

■ 材料（2〜3人分）

米粉100%パスタ…190g
米油…適量
厚揚げ…$\frac{1}{2}$枚
にら…半束
もやし…$\frac{1}{2}$袋
にんにく…1片
A ケチャップ…小さじ2
　オイスターソース風（P86参照）…小さじ2
　ピーナッツバター（無塩・無糖）…小さじ1
　米酢…大さじ1
　醤油…大さじ1
　ライムまたはレモン汁…小さじ1
　塩…小さじ$\frac{1}{8}$
ピーナッツ…大さじ1

■ 作り方

1. 米粉のパスタは、パッケージの表記時間より2分短く、硬めに茹でて、米油とからめておく。
2. 厚揚げは2cm角、にらは3cm幅に切り、もやしは洗って水切りする。にんにくはみじん切りにする。
3. フライパンを熱し、厚揚げを入れて両面をこんがりと焼く。
4. **3**に、にんにく、にら、もやしを加え、蓋をして少し蒸したら、米粉のパスタを加える。
5. **A**を合わせて加え、野菜と麺をよく炒め合わせ、最後にピーナッツを入れ、さっと炒め合わせる。

point

米粉のパスタがない場合は、代わりにビーフンを使ってもいい。

レシピ動画を見る ≫

DAY＿ 11

Vietnam

ちょっと背伸びをして、恋人のためにおしゃれなベトナムランチを計画。
色鮮やかな生春巻きで、目も舌も楽しませて。
シンプルながら隠し味のきいたサラダの後に、
メインディッシュとしてベトナムの定番料理、フォーを。
短時間で作ったとは思えない深い味わいで、しっかりと胃袋もつかめるはず。

グレープフルーツ
サラダ
生春巻き

DAY 11

Vietnam

ベトナムサンド、
バインミーの中身を巻いて

生春巻き

■ 材料（2〜3人分）

〈なます〉

大根…$\frac{1}{8}$本
にんじん…$\frac{1}{2}$本
濃縮甘酒（P85参照）…大さじ2
米酢…大さじ3
塩麹（P83参照）…小さじ1

〈マッシュルームパテ〉

くるみ…$\frac{1}{2}$カップ
玉ねぎ…$\frac{1}{2}$個
にんにく…1片
オリーブオイル…小さじ2
粗いみじん切りにしたきのこミックス
（マッシュルーム、えのき、しいたけ、
まいたけ、エリンギなど）…1カップ
塩麹（P83参照）…小さじ1
オイスターソース風（P86参照）…小さじ1
バルサミコ酢…大さじ1
こしょう…少々
乾燥タイム…少々

ライスペーパー…4枚
サニーレタス…4枚
茹でた春雨…適量

■ 作り方

1. なますの大根とにんじんは長さ4cmの細切りにし、塩少々（分量外）をかけ、水分を絞り、なますの残りの材料と合わせて、10分ほどおいて味を馴染ませておく。
2. マッシュルームパテのくるみをフライパンで乾煎りして、香りを立たせる。玉ねぎとにんにくはみじん切りにし、オリーブオイルを熱したフライパンで玉ねぎとにんにくがしんなりするまで炒める。続いて、きのこを加えて、きのこがしんなりするまで炒めたら、残りのマッシュルームパテのすべての材料と合わせてフードプロセッサーまたはブレンダーで、なめらかなペースト状になるまで攪拌する。
3. ライスペーパーを湿らせ、まな板か平らな皿におき、レタス、**1**、**2**、春雨を包む。

point

ライスペーパーは湿らせ過ぎると破れやすくなるので注意。ごまだれ（P78参照）につけて食べてもおいしい。

≪ レシピ動画を見る

フルーツと干しえのきと
フライドオニオンと

グレープフルーツサラダ

■ 材料（2〜3人分）
グレープフルーツ…大1個
赤玉ねぎ…¼個
A
- 干しえのき…¼カップ
- ライム汁またはレモン汁…大さじ3
- 塩麹（P83参照）…小さじ1
- 濃縮甘酒（P85参照）…小さじ2

ピーナッツ…大さじ1
香菜…1束
フライドオニオン…大さじ1

■ 作り方
1. グレープフルーツは薄皮を剥き、果肉のみにする。赤玉ねぎは薄切りにする。
2. **1**と**A**を合わせて、10分ほどおいて味を馴染ませる。
3. **2**を器に盛りつけ、ピーナッツ、ざく切りにした香菜、フライドオニオンをトッピングする。

point
本場ベトナムでは、甘みの少ないポメロという文旦を使う。干しいかの代わりに、干しえのきで海鮮の風味をプラス。

野菜出汁粉末を使えば
短時間で深みのある味に

シンプルフォー

■ 材料（2〜3人分）
にんにく…1片
しょうが…½片
長ねぎ（青い部分）…1本分
ごま油…小さじ2
A
- 水…4カップ
- まいたけパウダー…小さじ1
- しいたけパウダー…小さじ1
- オイスターソース風（P86参照）…小さじ2
- 五香粉…小さじ½
- 塩麹（P83参照）…小さじ4
- 野菜出汁粉末（P87参照）…大さじ2

米粉100%パスタ…190g
油揚げ…1枚
塩…ひとつまみ
軽く蒸したもやし…適量
バジル…適量
香菜…適量

■ 作り方
1. にんにくは潰し、しょうがは厚めの薄切りにする。長ねぎは長さ5cmに切り、手で握って潰す。
2. 鍋にごま油を熱し、**1**を加えて、中火で香りが立つまで炒める。
3. **2**に**A**を加え、15分ほど煮込む。
4. 米粉のパスタは、パッケージの表記時間通りに茹でる。
5. 油揚げは、塩ひとつまみをふり、魚焼きグリルの上下中火で6分ほど、こんがりと焼き色がつくまで焼き、2cm幅に切る。
6. 茹でたパスタを器に入れ、目の細かいざるで**3**のスープをこしながら注ぐ。
7. **5**、もやし、バジル、香菜をトッピングしながらいただく。

point
きのこ類や厚揚げなどを入れて、具沢山にしてもいい。

DAY＿ 12

China

大皿に盛りつけた料理を取り分けて、食事と会話を楽しむ中華。
コリコリ、しゃきしゃきの歯ごたえがおいしいサラダと、
独特な酸っぱさがクセになるスープ。
ごはんがすすむ炒め物は2品用意。
「どれから食べよう？」そんな声が聞こえてきそうな、
賑やかな中華の食卓にようこそ。

麻婆大根
ザワークラウト入り
春雨スープ
中華風サラダ

DAY 12

China

決め手はごま油が香る
塩麹ドレッシング

中華風サラダ

■ 材料（2〜3人分）
セロリ…1本
きゅうり…½本
もやし…½袋
乾燥きくらげ…3枚
ミニトマト…4個
香菜…1束
〈ドレッシング〉
鷹の爪…½本
塩麹（P83参照）…小さじ2
米酢…大さじ1½
メープルシロップ…大さじ½
ごま油…大さじ½

■ 作り方

1. セロリは斜めの薄切りに、きゅうりは厚めの細切りにする。もやしは軽く蒸しておく。乾燥きくらげは水で戻し、熱湯でさっと茹でて、細切りにする。
2. 鷹の爪の種を取り除き、キッチンばさみで小口切りにしたら、残りのドレッシングの材料と合わせる。**1**にかけ、10分ほどおいて味を馴染ませる。
3. 器に**2**とくし切りにしたミニトマトを盛りつけ、ざく切りにした香菜をたっぷりとトッピングする。

point

レタスなどの葉物野菜の代わりに、たっぷりの香菜を合わせることで、香り豊かに仕上がる。

定番春雨スープを
発酵食品でパワーアップ

ザワークラウト入り春雨スープ

■ 材料（2〜3人分）
干ししいたけ…2個
長ねぎ（青い部分）…1本分
ごま油…小さじ2
しょうが…½片
水…1カップ
ザワークラウト…1カップ
塩麹（P83参照）…小さじ4
春雨…90g
醤油…小さじ1

■ 作り方

1. 干ししいたけは湿ったふきんでほこりをふき取り、湯に浸して戻し、細切りにする。しいたけの戻し汁を1カップとっておく。
2. 長ねぎの青い部分を長さ5cmに切り、手で握って潰す。鍋にごま油を熱し、ねぎと厚めの薄切りにしたしょうがを中火で炒め、香りを立てる。
3. 春雨と醤油以外の残りの材料と**1**の戻し汁と細切りにしたしいたけを**2**に加え、10分ほど煮込む。
4. ねぎ、しょうがを取り出し、茹でた春雨と醤油を加えて、一煮立ちしたら、スープを器に盛る。

point

大根とも相性がよく、千切りの大根や切り干し大根を加えてもおいしい。えのきなどのきのこを加えるのもいい。

甘酸っぱい根菜の黒酢あんに
彩りを添えて

根菜の
バルサミコ酢あん

■ 材料（2〜3人分）

厚揚げ…1枚
にんじん…1/4本
れんこん…1/2節
ピーマン…1個
黄パプリカ…1/4個
玉ねぎ…小1個
長ねぎ…1/2本
しょうが（みじん切り）…1/4片分
にんにく（みじん切り）…1片分
米油…小さじ2

A
バルサミコ酢…1/4カップ
水…1/2カップ
醤油麹（P84参照）…大さじ1
メープルシロップ…大さじ1
オイスターソース風（P86参照）…小さじ2

片栗粉…小さじ2
水…小さじ2

■ 作り方

1. 厚揚げは、熱湯をかけて油抜きをして8等分に切る。
2. にんじん、れんこん、ピーマン、パプリカは一口大の乱切りに、玉ねぎは粗いみじん切りに、長ねぎは斜めの薄切りにする。
3. にんじんは10分くらい、れんこんは7分くらい茹でて火を通す。
4. フライパンに米油を熱し、しょうがとにんにくを中火で炒め香りを立て、長ねぎと玉ねぎを加えて、玉ねぎがしんなりするまで炒める。
5. 厚揚げと残りの野菜を加えて、3分ほど炒め合わせ、**A**を加えて一煮立ちさせる。
6. 火を止め、片栗粉を水で溶いたものを回し入れ、かき混ぜながら火にかけて、とろみをつける。

point

ドレッシングや隠し味に使われることが多いバルサミコ酢を主役に。もちろん通常の黒酢を使ってもOK。

冷凍大根で味の染み込んだ
麻婆を手軽に

麻婆大根

■ 材料（2〜3人分）

大根…1/4本
木綿豆腐…半丁（150g）
ごま油…小さじ2
長ねぎ（みじん切り）…大さじ2
しょうがすりおろし…小さじ1
にんにくすりおろし…小さじ1

A
水…1/2カップ
醤油…大さじ1 1/2
オイスターソース風（P86参照）…小さじ1
メープルシロップ…小さじ1/2
味噌…小さじ1
豆板醤…小さじ1

片栗粉…小さじ2
水…小さじ2

■ 作り方

1. 大根は乱切りにして、冷凍させ、冷蔵庫または室温で自然解凍させる。
2. 豆腐は、清潔なふきんで包み、重しをして、30分以上、水切りする。
3. フライパンにごま油を熱し、長ねぎ、しょうが、にんにくを中火で炒め、香りを立てる。
4. 大根と豆腐を崩しながら**3**に加え、強火で炒め合わせる。
5. 合わせた**A**を**4**に加え、煮立ったら、弱火で15分ほど煮込む。
6. 火を止め、片栗粉を水で溶いたものを回し入れ、かき混ぜながら火にかけて、とろみをつける。

point

大根は一度冷凍することで、味が早く染みる。豆腐の代わりに、そぼろ状の大豆ミートを使ったり、なすやピーマンなどを合わせたりしてもいい。

レシピ動画を見る ≫

DAY_13

Korea

今夜の食卓は、韓国のオモニの味を。
辛さの中にほっとする味わいのやさしいチゲ。ピリ辛の山盛りサラダ。
定番チヂミには手作りのスペシャルだれを合わせて。
ビビンバの野菜は愛情を込めて千切りに。
いつもより少し丁寧に作れば、体も、心も、じんわり温まる。

グルテンフリーのにらチヂミ

韓国風サラダ
ビビンバ
豆腐の
クリーミー豆乳チゲ

DAY 13

Korea

**ピリ辛調味料
ヤンニョムが野菜に合う**

韓国風サラダ

■ 材料（2〜3人分）

サニーレタス…½玉
春菊…¼束
きゅうり…½本
赤玉ねぎ…¼個
ミニトマト…5個
焼きのり…½枚（トッピング用）
〈ヤンニョム〉
- コチュジャン（P85参照）…大さじ½
- 醤油…大さじ1
- 米酢…大さじ1
- 白いりごま…小さじ2
- ごま油…小さじ½

■ 作り方

1. サニーレタスは一口大に手でちぎり、春菊はざく切りにして、茎部分は千切りにする。
2. きゅうりは厚めの細切りに、玉ねぎは薄切りにする。ミニトマトはくし切りにする。
3. 野菜をすべて合わせ、合わせたヤンニョムをかけ、焼きのりをちぎりながら、トッピングする。

point

焼きのりの代わりに韓国のりを使えば、より韓国風に。
わかめなど海藻を加えてもいい。

スパイシーなチゲを
豆乳で濃厚に仕上げて

豆腐のクリーミー豆乳チゲ

■ 材料（2～3人分）

木綿豆腐…1丁（300g）
ズッキーニ…$\frac{1}{2}$本
玉ねぎ…$\frac{1}{4}$個
長ねぎ…$\frac{1}{2}$本
にんにく…1片
ごま油…小さじ1$\frac{1}{2}$

A
- コチュジャン（P85参照）…大さじ1
- オイスターソース風（P86参照）…小さじ1
- 醤油…大さじ2
- 白すりごま…大さじ$\frac{1}{2}$
- 野菜出汁粉末（P87参照）…小さじ1
- 水…$\frac{1}{2}$カップ

豆乳…1カップ

■ 作り方

1. 豆腐は6等分に切る。ズッキーニは半月切りに、玉ねぎはくし切りに、長ねぎは斜めの薄切りに、にんにくはみじん切りにする。
2. 鍋にごま油を熱し、玉ねぎを加え、透き通るまで中火で炒める。
3. **2**に豆腐、ズッキーニ、長ねぎ、にんにく、合わせた**A**を加えて、強めの中火にかけ、煮立ったら弱火で10分ほど煮込む。
4. 豆乳を加えて、一煮立ちさせる。

point

韓国料理でよく使われる若採りのかぼちゃ「エホバク」はズッキーニでおいしく代用。豆乳は、沸騰させると分離してしまうので注意。

レシピ動画を見る ≫

DAY 13

Korea

表面はカリッと、
中はもっちりと仕上げて

グルテンフリーのにらチヂミ

■ 材料（2〜3人分）

にら…1束
おからパウダー…大さじ4
タピオカ粉…大さじ2
塩…小さじ¼
水…1カップ
〈たれ〉
　長ねぎ（みじん切り）…大さじ½
　にんにくすりおろし…小さじ¼
　唐辛子の粉…小さじ½
　醤油…大さじ2
　米酢…大さじ½
　白いりごま…小さじ¼
　メープルシロップ…小さじ½
米油…大さじ½

■ 作り方

1. にらは、半分に切る。
2. おからパウダー、タピオカ粉、塩、水を混ぜ合わせる。
3. たれは、すべての材料を合わせておく。
4. 米油を熱したフライパンに、にらをしき、上から**2**の生地を流し入れる。
5. 蓋をして、弱火でじっくりと焼いて生地に火を通す。片面がこんがりと焼けたら、ひっくり返し、蓋をしないでこんがりと焼き上げる。皿に盛り、**3**を添える。

point

本場韓国では「ジョン」という呼び方が一般的なチヂミ。
にらのほかに、小ねぎを使ってもOK。

4種のナムルで作る
絶品！　本場の味

ビビンバ

■ 材料（2人分）

〈大根の辛いナムル〉
- 大根の千切り…1カップ
- 唐辛子の粉…小さじ1
- メープルシロップ…小さじ1
- 米酢…小さじ2
- 白すりごま…小さじ1
- にんにくすりおろし…小さじ¼
- 塩麹（P83参照）…小さじ2

〈豆もやしのナムル〉
- 豆もやし…½袋
- 塩麹（P83参照）…小さじ1
- にんにくすりおろし…小さじ¼
- ごま油…小さじ½

〈ほうれん草のナムル〉
- ほうれん草…1束
- 白いりごま…小さじ½
- ごま油…小さじ1
- 醤油…小さじ2

〈にんじんのナムル〉
- 米油…小さじ½
- にんじんの千切り…1カップ
- にんにくすりおろし…小さじ½
- 塩麹（P83参照）…小さじ1
- 白いりごま…小さじ½

ごはん…どんぶり2杯分
コチュジャン（P85参照）…適量

■ 作り方

1. 大根の辛いナムルは、すべての材料を合わせる。
2. 豆もやしのナムルは、豆もやしをさっと蒸して、粗熱をとってから、しっかり手で水分を絞り、残りの材料と和える。
3. ほうれん草のナムルは、ほうれん草をさっと蒸して、氷水にとり、しっかり手で水分を絞る。2cm幅に切り、残りの材料と和える。
4. にんじんのナムルは、米油を熱したフライパンに、にんじん、にんにく、塩麹を加え、にんじんがしんなりするまで炒めたら、いりごまと合わせる。
5. 温かいごはんを器に盛り、ナムルをトッピングし、コチュジャンをお好みで加えながら、混ぜ合わせていただく。

point

ナムルを4種類用意する時間がない場合は、2種類でも。2種類の野菜を合わせて同じ味付けにするのも手軽でおすすめ。

DAY_ 14

Japan

14日間の世界一周の旅、終着地の日本に帰ってきました。
おかえりなさいの気持ちを込めて、ちょっとしたお祝いの食卓を。
茶碗蒸し風に、ばらちらし、お吸い物と並び、
季節野菜が溢れんばかりに詰まったせいろが賑やか。
たくさんの恵み、幸せをありがとう。いただきます、と手を合わせて。

季節野菜のせいろ蒸し
（3種のたれで）

DAY 14

Japan

旨味がたっぷりと詰まった
お出汁と塩麹で

お吸い物

■ 材料（2〜3人分）

〈ヴィーガン出汁〉

- 水…5½カップ
- 乾燥昆布…22g
- 干ししいたけ…2個

A
- 干しえのき…⅓カップ
- 塩麹（P83参照）…小さじ4
- 醤油…小さじ1

飾り麩…適量

三つ葉…適量

■ 作り方

1. ヴィーガン出汁の材料をすべて合わせ、冷蔵庫で一晩おいて作る。
2. 鍋にヴィーガン出汁2カップと**A**を合わせて、一煮立ちさせる。
3. 飾り麩を加えて、椀に汁をよそい、三つ葉をのせる。

point

しめじなどのきのこ、旬の青菜をさっと蒸して加えてもいい。ヴィーガン出汁は、残りのレシピで流用する。

梅干しのとろりあんで
のどごし爽やか

豆乳冷製茶碗蒸し風

■ 材料（2〜3人分）

〈茶碗蒸し生地〉

切り干し大根…¼カップ
ヴィーガン出汁
…½カップ＋½カップ（P76流用）
塩麹（P83参照）…大さじ1
粉寒天…小さじ½
コーンスターチ…小さじ2
豆乳…1カップ

〈茶碗蒸しあん〉

梅干し…1個
ヴィーガン出汁…1カップ（P76流用）
片栗粉…小さじ2
水…小さじ2

■ 作り方

1. 切り干し大根はキッチンばさみなどで0.5cm幅に切る。
2. 茶碗蒸し生地のヴィーガン出汁（½カップ）を鍋に煮立て、**1**と塩麹を加え、切り干し大根がやわらかくなるまで、弱火で5分ほど煮る。
3. ヴィーガン出汁（½カップ）で溶いた粉寒天とコーンスターチを**2**に加え、よく混ぜて完全に煮溶かす。
4. 豆乳を**3**に加え、混ぜ合わせたら器に移し、粗熱をとってから冷蔵庫で冷やし固める。
5. 茶碗蒸しあんは、梅干しの種を取り除き、包丁で細かく切る。ヴィーガン出汁と梅干しを鍋に合わせ、煮立たせたら、火を止め、片栗粉を水で溶いたものを回し入れる。再度、火をつけて、かき混ぜながらとろみをつける。
6. あんが冷めたら、**4**の茶碗蒸し生地を冷蔵庫から出し、あんをかける。お好みで花型で抜いた薄切りのにんじん（分量外）をのせる。

point

切り干し大根で旨味と食感をプラス。寒い時期は、茶碗蒸し生地を常温に戻し、熱々のあんをかけるのもいい。

レシピ動画を見る ≫

DAY 14

Japan

真っ白な熱々の湯気で
ふっくらと蒸されて

季節野菜のせいろ蒸し
（3種のたれで）

■ 材料（2〜3人分）

季節の野菜
（今回はカリフラワー、キャベツ、
しめじ、まいたけ、ブロッコリー、
ミニトマト、かぼちゃを使用）…適量

〈おろしポン酢〉
- 醤油…大さじ1
- ゆず果汁またはレモン汁…大さじ1
- 出汁用昆布…3cm×3cm
- 大根おろし…適量

〈ごまだれ〉
- 白ねりごま…大さじ2
- メープルシロップ…大さじ1/2
- 米酢…大さじ1/2
- 醤油…大さじ1/2
- 水…大さじ1/2

〈ピリ辛にんにく味噌〉
- 味噌…小さじ1
- コチュジャン（P85参照）…小さじ2
- にんにくすりおろし…小さじ1/4

■ 作り方

1. おろしポン酢は、大根おろし以外のすべての材料を合わせ、一晩冷蔵庫においておく。
2. 各野菜を一口大に切り、せいろに並べる。
3. 鍋にたっぷりの湯を沸かし、せいろをセットする。13〜15分、野菜に火が通るまで蒸す。
4. **1**に水を切った大根おろしをトッピングし、ごまだれとピリ辛にんにく味噌は材料を混ぜ合わせる。**3**にたれをつけていただく。

point

野菜はれんこん、にんじん、大根、じゃがいも、さつまいも、里芋、長芋のほか、なす、パプリカなど夏野菜を使ってもいい。

彩り豊かな野菜寿司で
食卓をぱっと明るく

ばらちらし

■ 材料（2〜3人分）

〈卵焼き風〉

- 木綿豆腐…1丁（300g）
- A
  - しいたけパウダー…小さじ1½
  - 塩麹（P83参照）…小さじ2
  - コーンスターチ…大さじ2
  - ターメリック…小さじ⅛
  - ブラックソルト…小さじ¼
- 割れ湯葉…⅓カップ
- 米油…適量

〈ビーツのまぐろ風〉

- ビーツ…中½個
- B
  - ヴィーガン出汁…½カップ（P76流用）
  - 醤油麹（P84参照）…大さじ2

〈五目寿司〉

- れんこん…1節（約100g）
- にんじん…½本
- 干ししいたけ（ヴィーガン出汁で使ったもの）…1個
- 出汁用昆布（ヴィーガン出汁で使ったもの）…5cm
- 米油…小さじ1
- C
  - ヴィーガン出汁…1カップ（P76流用）
  - 濃縮甘酒（P85参照）…大さじ1
  - 醤油…大さじ2
  - メープルシロップ…小さじ1
- D
  - 米酢…大さじ2
  - 濃縮甘酒（P85参照）…小さじ2
  - 塩…小さじ½
- ごはん…2膳分

きゅうり…½本
白いりごま…小さじ2
焼きのり…適量

■ 作り方

〈卵焼き風〉

1. 豆腐は清潔なふきんで包み、重しをして水切りしておく。**A**と一緒にフードプロセッサーに合わせ、なめらかにする。
2. 割れ湯葉を**1**に加えて、湯葉がなるべく壊れないように軽く混ぜ合わせる。
3. 耐熱容器に薄く米油をひき、**2**を入れ、表面を平らにする。
4. 180度に予熱したオーブンで30分焼き、粗熱をとってから冷蔵庫に移し、冷やし固めたら、サイコロ大に切る。

〈ビーツのまぐろ風〉

1. ビーツはサイコロ大に切り、しっかりと火が通るまで、15分ほど蒸す。
2. **B**を煮立たせて、ビーツが熱いうちに漬ける。30分以上おいて、味を浸透させる。

〈五目寿司〉

1. れんこん、にんじん、干ししいたけ、昆布はみじん切りにする。
2. 鍋に米油を熱し、**1**をさっと炒め合わせる。
3. **C**を**2**に加えて、一煮立ちさせ、野菜がやわらかくなるまで10分ほど弱火で煮込む。
4. **D**を合わせ、温かいごはんに加え、うちわであおぎながら、切るようにして混ぜ合わせる。
5. **4**に**3**を加えて、混ぜ合わせる。
6. 五目寿司を皿に盛り、卵焼き風、ビーツのまぐろ風、サイコロ大に切ったきゅうり、白いりごま、ちぎった焼きのりをトッピングする。

point

ブラックソルトがない場合は普通の塩でOK。ビーツのまぐろ風と五目寿司の具は、冷凍保存が可能。1ヶ月で使い切るようにする。

COLUMN

シンプルに生きるということ

世界中、どこに生まれ、どこで育ち、どんな生活をする人にもそれぞれ平等に与えられているものがあります。それが、「時間」。1日24時間をどう使うか、どう過ごすかが、幸せに生きるための鍵になると思います。私は2020年の6月に東京を離れ、長野の山の中に引っ越しました。季節とともに生きながら、野菜を作ったり、調味料を作ったり、発酵食品を作ったり……。高級品はありません。でも、好きなことができる自由な時間があります。生活をシンプルにすることで、自分にとって一番大事なことに時間を使えるようになりました。それがこの上ない贅沢なのではないかと思うのです。必要のないものを少しだけ手放し、ほかの命や自分と向き合う時間を持ってみませんか？

これから菜食を始める人へ

菜食を始めたいと思っている方に忘れて欲しくないのは、「楽しむ」こと。「食べられないものがある」ではなく、「これも、あれも食べてみよう」と考えてみてください。たまにしか食べない野菜や食べたことがない植物性食材もたくさんあるはずです。菜食は大変じゃない？ とよく聞かれますが、今まで大変だったことは思い出せません。それは、新しい世界をとにかく楽しんできたから。初めての食材に出合う旅。忘れていた季節を取り戻す旅。同じ考えを持った人と出会い、つながる旅。失うものより、得るものの方がずっと多い旅です。そして、常に「やさしさ」を忘れずに。ほかの命、人、そして、自分にとってやさしい選択か。それが道に迷った時、道しるべになると思います。

Q & A

Q 野菜を選ぶ時のポイントはありますか？

A 有機や自然栽培など、自然に近い形で栽培された野菜を選びます。

そのほか、自分の住む場所になるべく近い土地で栽培された、旬の野菜を選ぶことも私は意識しています。そうすることで、体も心も満たされるお料理になると思います。

Q 野菜の皮は剥いた方がいいですか？

A 有機野菜なら、皮ごといただくのがおすすめです。

野菜の皮には、たくさんの栄養分が含まれています。有機野菜を使う時は、たわしなどを使って、流水で泥を綺麗に落とし、皮ごと調理しましょう。

Q ブレンダー、フードプロセッサー、粉末ミルはどう使い分ければいいですか？

A 食材の特徴に合わせて、使い分けます。

ブレンダーは、汁気が多いものや粉砕力を必要とするものに、フードプロセッサーは、汁気の少ないペーストなどに、粉末ミルは乾いた食材を粉末にする時に使います。

作りおき

常備調味料

本書で、何度も登場している基本調味料の
作り方をご紹介します。時間はかかるけど、作り方はとても簡単。
毎日使うものだからこそ、シンプルに、丁寧に。

塩麹

■ 材料（作りやすい分量）

米麹（生または乾燥）…100g

塩…40g

水…1カップ

■ 作り方

1. すべての材料を保存容器に入れ、よく混ぜ合わせる。板状に固まった状態の麹を使う場合は、手でほぐしてから使用する。

2. （常温発酵の場合）軽く蓋をのせ、1日1回混ぜ合わせるようにして、常温で5〜7日間、発酵させる。甘い香りがするようになったら、完成。

（ヨーグルトメーカーを使用する場合）60度で6時間発酵させる。

（炊飯器を使用する場合）釜に材料を入れてセットし、蓋は閉めずにふきんで覆う。保温のスイッチを入れて、そのまま6時間発酵させる。

3. 冷蔵庫で保存し、2週間ほどで使い切るようにする。

醤油麹

■ 材料（作りやすい分量）
米麹（生または乾燥）…100g
醤油…適量

■ 作り方

1. 米麹を保存容器に入れ、かぶるくらいの醤油を足し、よく混ぜ合わせる。
2. 軽く蓋をのせ、常温で5〜7日間、発酵させる。麹が醤油を吸うので、常にひたひたになるよう、醤油を注ぎ足しながら、1日1回混ぜ合わせる。甘い香りがするようになったら完成。
3. 冷蔵庫で保存し、2週間ほどで使い切るようにする。

麹菌を使った発酵調味料の魅力

麹菌は、味噌、醤油、みりん、日本酒などを製造するのに使われる菌で、日本の食文化に欠かせない存在です。蒸した米に麹菌を生やした米麹を使い、塩麹などの調味料を作ることで、米の自然な甘みが加わります。また、塩麹は塩、醤油麹は醤油、濃縮甘酒は砂糖の代わりに使うことができます。酵素をたっぷり含んだ麹は、たんぱく質を旨味成分のアミノ酸に変え、素材の旨味を引き出します。麹を使うことによって料理の味わいが深まるだけではなく、塩分や糖分をカットすることにもなります。

濃縮甘酒

■ 材料（作りやすい分量）
米麹（生または乾燥）…100g
水…1カップ

■ 作り方
1. （ヨーグルトメーカーを使用する場合）材料を合わせ、60度で6時間発酵させる。
（炊飯器を使用する場合）釜に材料を入れてセットし、蓋は閉めずにふきんで覆う。保温のスイッチを入れて、そのまま6時間発酵させる。
2. 冷蔵庫で保存し、1週間を目安に使い切るようにする。

コチュジャン

■ 材料（作りやすい分量）
濃縮甘酒…100g
塩…10g
韓国産粉唐辛子…30g

■ 作り方
1. すべての材料を保存容器に合わせ、軽く蓋をして、24時間常温でおく。
2. 冷蔵庫で保存し、2週間を目安に使い切るようにする。

オイスターソース風

■ 材料（作りやすい分量）

醤油…大さじ2
メープルシロップ…大さじ1
しいたけパウダー…小さじ1 ½
まいたけパウダー…小さじ1 ½
出汁用昆布…3cm×3cm

■ 作り方

1. すべての材料を保存容器に入れ、よく混ぜ合わせ、一晩冷蔵庫においておく。

2. 冷蔵庫で保存し、2週間を目安に使い切るようにする。

point

まいたけパウダーは、市販のものか天日干ししたまいたけを粉末ミルなどで粉状にしたものを使う。漬けた昆布は、刻んでスープや炒め物に入れると旨味がアップする。

野菜出汁粉末

■ 材料（作りやすい分量）

玉ねぎ…中1個

にんじん…½本

セロリ…1本

■ 作り方

1. 野菜をそれぞれ薄切りにして、ざるの上に、重ならないように並べる。
2. 窓際や室外など直射日光が当たる場所に4～5日間おき、乾燥させ、粉末ミルなどで粉末状にする。
3. 保存容器に入れ、冷蔵庫で保存し、2週間を目安に使い切るようにする。

point

野菜の水分が完全に乾いていない状態でも、粉末にできればOK。
同様にりんごを乾燥させ、粉末状にして加えると甘みが出る。

応用編

食材活用術

和食ではあまり馴染みのない食材をたくさん使用してきましたが、
レシピで紹介しきれなかった活用方法がまだまだたくさんあります。
普段の料理にもぜひ取り入れてみてください。

[タイハーブ]

白くて長いものがレモングラスの茎、その上が、こぶみかんの葉、その右がガランガル。
いずれもネットや東南アジア食材店で購入可能。エキゾチックな香りで
味が豊かになるだけでなく、食欲増進、消化促進などさまざまな効能も持つ。

冷凍保存で鮮度をキープ

最後までフレッシュな状態を保つために、余ったら冷凍保存しましょう。こぶみかんの葉とレモングラスは、洗ってから水分をよくふき取り、冷凍可能な保存袋に入れます。ガランガルはすりおろし、製氷皿に入れて冷凍すれば、使いたい分だけ使えるので便利。小粒の製氷皿を使えば、味の微調整もしやすいです。

自家製グリーンカレー

上記のタイハーブ3種、玉ねぎ、にんにく、香菜、青唐辛子、コリアンダーパウダー、クミンパウダー、塩麹、水をブレンダーで合わせてできたペーストをきのこや野菜と煮込みます。最後にココナッツミルクを合わせたら、グリーンカレーの完成。香菜を抜き、青唐辛子を赤唐辛子に替えるとレッドカレーになります。

バスマティライス

タイ料理でよく使われるジャスミンライスよりさらに細長い、
インドの米。インド食材店やネットで購入可能。
血糖値の上昇が緩やかな低GI食品でもあり、ダイエット効果にも期待。

おいしい炊き方

米をよく洗い、たっぷりの水で15分以上浸水させておきます。浸水に使用した水を捨て、米の1.5倍の量の水とともに炊飯器にセット。日本米と同じように通常モードで炊きます。インドカレーに合うのはもちろん、ピラフやチャーハンにすると、いつもと違った風味を楽しめるはず。余った分は、冷凍保存できます。

インド風チャーハン

フライパンに米油を熱し、クミンシードを炒め、みじん切りにした玉ねぎとお好みの野菜をカレー粉と塩で炒めます。野菜に火が通ったら、炊いたバスマティライスを追加し、炒め合わせれば、完成。スーパーでもさまざまなスパイスが手に入るので、カレー粉の代わりに、気になるスパイスに挑戦するのもおすすめです。

【ねりごま&ピーナッツバター】

ねりごまは白・黒、お好みで揃えて。良質な油を効率よく摂取できる。
ピーナッツバターはパンに塗るだけでなく、調味料としても優秀。
無塩・無糖の方が料理のアレンジがしやすい。

オイルフリー料理の救世主

ねりごま、酢、醤油麹、いりごま、一味唐辛子を合わせれば、スパイシーごまドレッシングが完成。中華風サラダとの相性抜群です。味噌汁などの汁物にねりごまを入れ、コクを出すという使い方も。また、ねりごま、味噌、豆板醤、醤油、酒粕、すりごま、水を鍋に入れ、沸騰させると濃厚な担々麺のスープに変身。

ヘルシーおやつ作りにも

ピーナッツバターとすり潰したバナナ、グラノーラ、おからパウダーをよく混ぜ合わせて、オーブントースターで焼けば、砂糖不使用の即席ヘルシークッキーに。また、ピーナッツバターと豆乳ヨーグルト、酢、塩麹をよく混ぜ合わせれば、クリーミーで香り豊かなノンオイルドレッシングになります。

【ニュートリショナルイースト】

オーガニック食品専門店やネットで購入可能。栄養価が非常に高く、
ふりかけるだけでいい手軽さも魅力。日本ではあまり馴染みのない
食材ではあるものの、歴史は古く、古代エジプト時代から使われていたという。

かけるだけ、でいい

チーズのような風味が特徴。粉末状で、加熱せずそのまま食べても問題ないので、さまざまな料理に、粉チーズ感覚で気軽にふりかけてみてください。通常のドレッシングや豆腐マヨネーズに加えたり、フムスなどのディップに加えたりするのもおすすめ。チャーハンに使うと、風味が増します。

まるでチーズ！

酒粕、アーモンドプードルと合わせ、フードプロセッサーにかけると粉チーズ風に。浸水させた生カシューナッツ、レモン汁、ココナッツオイル、塩麹を合わせ、水を少しずつ加えながらフードプロセッサーにかけ、ペースト状にし、冷蔵庫で2〜3時間冷やし固めるとフレッシュチーズ風になります。

［ガラムマサラ］

インドのスパイスミックスのこと。入っているスパイスやその割合は、
地域や家庭によってさまざま。最近は、
食品メーカーからも発売されており、スーパーでも簡単に手に入る。

オリジナルな調合を楽しむ

スパイスは驚くほど種類豊富なので、インド食材店や海外のスパイスメーカーの商品を取り扱う輸入食材店に行ってみるのもおすすめ。いろいろな商品を試した後は、ホールスパイスから自分で調合するのも楽しいです。健康や美容の効果も期待できるので、効能に合わせて選ぶのもよいでしょう。

本格インド料理も簡単

北インドの野菜の炒め煮「サブジ」の作り方。クミンシードを米油で炒め、香りが出たら、玉ねぎのみじん切りを加え、さっと炒めます。続いて、にんにくとしょうがのすりおろし、お好みの野菜や豆を加え、ターメリック、ガラムマサラ、塩麹、少量の水で煮込むだけ。トマトを加えるとより味わい深くなります。

おわりに

14の国と地域を巡る世界一周ヴィーガンの旅、いかがでしたでしょうか。
一見難しそうな料理も、材料さえ揃えれば、意外と簡単に、そして短時間でできるものも多かったかと思います。そして、中には、韓国のビビンバや日本のばらちらしのように、下準備が必要で、手間がかかる料理もあったかと思います。

最近は、料理は時短、そして簡単にできることが重視されがちですが、週末やお休みの日だけでも、台所で過ごす時間を少し長くして、ひと手間をかけ、食材と向き合う時間を作ってみませんか ?

一つひとつの食材を育ててくれた自然と生産者さんに感謝の気持ちを持ちながら、そして、家族、友人、自分に対する愛情を込めながら作ると、食事とは、目の前にある食べものを口に運び、体に摂り込む瞬間より、もっともっと前から始まっていることがわかってきます。

普段、「やらなければいけないこと」「面倒くさいこと」と感じている料理が、周りや自分への労りにつながる大切な時間になると、自然と生活も豊かになっていくと思います。

本書には、手間のかかる料理と簡単に作れる料理を含めながら、栄養のバランスも整うように、いろいろな種類の植物性食材を取り入れました。すべての料理を食卓に揃えるのは難しいと感じるようであれば、気になった1品からスタートして、時間がある時に3品、4品作ってみる、というのもいいでしょう。

最初から毎日三食ヴィーガンにする必要もありません。重要なのは、長く続けること。楽しく、満たされた気持ちを保ちながらできる範囲で、野菜、穀物、ナッツ・シーズ、海藻、きのこなどの植物性食材たちの多様性、味わい深さを発見する試みを取り入れていきましょう。

本書の旅は、14日間で終わりですが、みなさんの冒険の旅はまだ始まったばかり。それぞれの旅を楽しみながら、その経験を共有できる仲間との出会いも探していっていただければうれしいです。

最後になってしまいましたが、ヴィーガンの世界に興味を持ち、本書を手に取ってくださり、ありがとうございます。本書の料理たちが、みなさんと周りの方々に、たくさんの笑顔をもたらしますように。

2021年2月 TOKYO VEG LIFE Natsuki

PROFILE

Natsuki

高校から9年間を単身アメリカで過ごす。帰国後、証券会社、財務系コンサルティング会社勤務を経て、翻訳やコンサルティングを行うフリーランスに転身。ヨガと出会い、菜食を始めたことで生き方そのものを見直すようになり、2018年、ヴィーガン、ヨガ、サステイナブルな生活などのライフスタイルを発信するYouTubeチャンネル「TOKYO VEG LIFE」を開設。2020年からは、活動の幅を広げ、オフライン・オンラインでクッキングやヨガなどのイベントも行っている。

YouTube TOKYO VEG LIFE で検索

STAFF

撮影／宮崎純一

デザイン／野澤享子
(Permanent Yellow Orange)

DTP／美創

撮影協力／UTUWA

おうちでヴィーガン

14日間で旅する世界一周の味

2021年2月25日　第1刷発行

著者　Natsuki

発行人　見城 徹

編集人　福島広司

編集者　真鍋 文

発行所　株式会社 幻冬舎
〒151-0051
東京都渋谷区千駄ヶ谷4-9-7
☎03-5411-6211（編集）
☎03-5411-6222（営業）
振替 00120-8-767643

印刷・製本所　大日本印刷株式会社

検印廃止

ISBN978-4-344-03755-7　C0077

幻冬舎ホームページアドレス
https://www.gentosha.co.jp/
この本に関するご意見・ご感想をメールでお寄せいただく場合は、
comment@gentosha.co.jp まで。